Emely Polli

O poder do amor

Emely Polli
Caxias do Sul - RS- Brasil
2015

Editor: Rafael Augusto Machado
Projeto gráfico, capa, edição e revisão final: Rafael Augusto Machado
Revisão de texto: Rafael Augusto Machado
Fotos: freeimages.com

Dados Internacionais de Catalogação na Fonte (CIP)
Biblioteca Pública Municipal Dr.Demetrio Niederauer
Caxias do Sul, RS

P774p   Polli, Emely
           O poder do amor / Emely Polli. - Caxias do Sul, RS:
Ed. Vírtua, 2015.
           144 p.

           ISBN 9788591986804

           1. Romance mediúnico. I. Título

15/68   CDU: 821.134.3(81)-31

Catalogação na fonte elaborada pela bibliotecária
Maria Nair Sodré Monteiro da Cruz CRB10/904

Rafael Augusto Machado - Jornalista - MTE-RS 14.140
Caxias do Sul (RS)
Fone: (54) 3214.6119 | 99205.4363
contato@editoravirtua.com
www.editoravirtua.com
facebook.com/editoravirtua

O amor pode brotar de repente...
desabrochar...
brilhar...
marcar uma vida...
ou duas...
ou muitas.

Este livro vai marcar uma vida, em especial:
a sua.

Conhecemo-nos no último ano do colegial. Eu correndo para a aula e ela fugindo para o pátio. Esbarrei nela mas não consegui nem ver seus olhos direito, pois ela evitou conversar comigo. Só continuou seu caminho. Eu comecei a prestar mais atenção nela. No outro dia, passava de novo pelo mesmo corredor da escola quando encontrei-a no caminho. Lhe disse um "oi" que foi mal retribuído. Ela, na maior parte do tempo, ficava sentada nas escadas, escutando música. Eu achava-a meio estranha, sim, mas a estranha mais bonita e amável que já havia visto, mesmo conhecendo pouco as garotas daquela cidade. Ela era, sim, bem diferente.

Observava que ela passava lápis ao redor de seus olhos, e quando não prendia os cabelos para o lado fazia um coque. Depois de mais de um mês observando Sarah, resolvi ir conversar com a menina antipática que eu conhecia. Surpresa: ela sabia conversar. A conversa foi mais ou menos assim:

- Oi, meu nome é Brian. Desculpe por aquele dia em que esbarrei contigo no corredor.

- Oi, Brian, eu nem me lembrava disso.

- Qual o seu nome mesmo? - perguntei.

- Sarah, espero que você não esteja interessado em mim. Se estiver, azar o seu! - disparou.

Fiquei sem jeito para continuar a conversa, mas ela prolongou o diálogo:

- Brian, já que está aqui me diga: por que não fala para aquele grupinho ali que aqui não é nenhum concurso de moda e que não está legal o visual deles.

Sem querer, acabei rindo e pensando alto:

- Você é engraçada, garota!

Ela olhou para mim segurando o riso e me entregando a redação que tinha feito.

- Não é que sou engraçada, mas é que eles conseguem me tapar de nojo, se só estivessem vestidos com roupinhas bonitinhas tudo bem, mas o pior é que se comportam como se fossem os tais, e olha só como olham para mim! - disse ela.

E ela colocou os fones de ouvido.

Eu não entendi direito o porquê dela achar que olhavam diferente para ela. Eu sempre fui muito lento para entender as pessoas, e ainda mais para entender Sarah. Tirei os fones de ouvido dela.

- Você não sabia que é falta de educação ignorar

uma pessoa enquanto ela está falando contigo? - perguntei.

- Sabia sim, mas acontece que não pedi para conversar e muito menos demonstrei interesse no assunto. Falta de educação é você arrancar os fones de mim - retrucou a menina.

Ela estava sendo muito grosseira comigo e havia me ignorado. Se tinha uma coisa que me deixava irritado era grosseria. Sempre fui alguém passivo, de bem com a vida, amigo de todas as horas, mas quando alguém me tratava mal, na pior de todas as hipóteses, achava um ponto de defesa para a situação. Foi então que falei:

- Já entendi por que você está sempre com essa cara amarrada, sozinha, porque quando alguém tenta ser legal com você simplesmente o descarta... Sabe de uma coisa? Você deve ser alguém muito infeliz mesmo para acabar com a felicidade dos outros. Só pode ser infeliz. Depois não adianta falar mal das pessoas... Olha só como você está agindo! Pior que elas! Essas pessoas ainda conseguem ser sociáveis, e você, nem isso! - desabafei.

Acho que não devia ter falado aquilo para ela, mas, como disse, não me contive. Ela não olhou mais na minha cara e simplesmente falou:

- Obrigada, Brian, por falar só o que eu precisava ouvir.

Acho que ela tinha ficado chateada comigo. As pessoas que estavam ao redor de nós riram da minha cara e ela saiu chorando. Tenho o coração de manteiga e por um instante o congelei. Pensei em correr atrás dela, mas fui eu o culpado por fazer aquela garota ficar naquele estado. Seria ridículo da minha parte ainda perguntar a ela se precisava de ajuda, mas foi o que fiz. Gritei lá de onde estava e fui novamente ridículo por não ir até ela pedir desculpas. Fiquei observando de longe até onde ela iria, e sem querer acabei seguindo-a até o pátio da escola. Ela foi até as escadarias, pegou uma folha de caderno e um lápis e começou a desenhar. Não sei porque ainda a seguia, mas percebi que, desde a hora em que a havia encontrado ela estava sozinha, e agora, além de estar sozinha, estava chorando. Talvez o que falei para ela no corredor da escola era mesmo verdade, e talvez aquelas palavras machucaram-na realmente.

Não me satisfiz em segui-la. Enquanto ela desenhava escutando música eu ficava pouco distante, observando cada linha traçada em seu desenho. A maquiagem dela já tinha até sumido. Reparei como ela rapidamente secou as lágrimas quando ouviu meus colegas de treino gritarem:

- Brian, vem logo cara, a gente te procurou por todos os lugares desse colégio. Mais responsabilidade aí, senão o treinador te corta do time e coloca o filho dele no seu lugar. Corre que o treino já vai começar!

Avisei-os que já iria, e Sarah, ao perceber minha presença, gritou:

- Não ouviu que tem treino? Se eu fosse você iria. Não gostaria de chegar lá e ver outro em seu lugar, né?

- Sarah, quero pedir desculpas. Não era a minha intenção falar aquilo - falei.

- Se não era sua intenção, era de quem, Brian? - perguntou a menina.

Então perguntei a ela se me perdoava, e do nada ela riu e falou:

- Perdoo, você não é o único. Agora, corre para o treino!

Naquele dia o treino foi péssimo. Durante o jogo todo fiquei pensando mais em como Sarah devia estar do que nas próprias estratégias do jogo. O time estava furioso comigo e

8

eu me mantinha tentando não demonstrar que havia alguma coisa diferente comigo. No final do jogo o treinador me chamou para conversar, me disse que se não melhorasse as estratégias e não me dedicasse mais às partidas ele já teria outro para colocar em meu lugar. Eu não tinha argumentos para discordar dele, pois estava certo e eu mesmo reconhecia as péssimas jogadas que fazia, então apenas concordei.

- Está bem, treinador, faça o que achar melhor - falei.

Dito e feito. Colocou o filho dele no meu lugar.

Mas não me abalei. Não naquele momento. Nem gostava de frequentar aqueles treinos mesmo... Senti mais a falta de meus colegas, mas a maioria ainda veria fora dali, então agora o que me interessava era Sarah. Não sei o que a vida estava querendo me mostrar ou o porquê daquilo acontecer justamente comigo. Sempre duvidei dessas coisas românticas e achava tolice tudo aquilo. Mas acabei sendo o alvo principal dessas tolices. Meus colegas se irritaram comigo por não insistir em ficar no time. Meus amigos mais próximos não entendiam o meu comportamento cada vez mais silencioso. Para mim, sobrava a expectativa de conseguir conquistar Sarah. Eu sabia que seria difícil e estava até surpreendido comigo mesmo. Tantas garotas e me interessei justamente pela mais esquisita... Nem mesmo eu me reconhecia. Estava com medo de onde poderia chegar com aquela loucura.

Naquele dia em que o treinador me chamou para conversar, me assustei com a reação dele, mas compreendi e voltei para o pátio procurando Sarah, mas ela já havia ido embora. Saí com alguns amigos, e andando em direção à minha casa, um deles me perguntou:

- Brian, quem é aquela garota com quem vi você conversando?

Meus amigos sabiam quando não queria conversar, e aquele momento era um deles, mas respondi:

- É Sarah, uma amiga nova que conheci há pouco tempo.

Um dos caras que estavam ao meu lado me cutucou:

- Essa é mais uma pra tua lista, não é mesmo?

Fui bem sincero ao responder:

- É sim. Mais uma.

E juntos acabamos rindo daquilo.

Sarah chegou da escola cansada, bateu na porta e, mais uma vez, seus pais estavam discutindo. Colocou os fones de ouvido novamente, bateu mais forte à porta e seu pai abriu.

- Oi filha! Como foi sua aula? - perguntou ele.

Sarah não tinha a mínima vontade de responder, mas, não quis ser grosseira com o pai então indo em direção ao quarto respondeu:

- Foi boa - respondeu ela.

O pai da garota, reparando o comportamento da filha, chamou-a:

- Sarah, não vai nem cumprimentar sua mãe?

Ela fingiu que não escutou e se trancou no quarto. O pai da garota queria que ela fosse diferente, mas nunca perguntou à filha quais eram os motivos que faziam ela ser daquele jeito. Desde que a menina nasceu, muita coisa havia mudado ali. Ela era agora uma adolescente, cheia de crises e manias, detestava ser incomodada e mais ainda receber ordens. Naquela noite, Sarah não quis jantar. Apenas dirigiu-se à cozinha para levar as roupas do irmão menor que estavam junto às dela no armário. Fazia com que ninguém percebesse o quanto precisava de consolo e ajuda, mas, por dentro, acabava-se aos poucos. Colocou seu celular na estante e dormiu.

Na maior parte do tempo a garota ficava em seu quarto. Preferia ficar lá a sair e ver novamente seus pais discutindo. Ao contrário do que talvez você esteja pensando, ela tinha pessoas que a amavam próximas a ela, mas tinha muita implicância com quem de uma forma ou de outra se aproximava dela. Para conviver com a garota era necessário, mais do que tudo, paciência, mas quando alguém fazia ela se sentir bem ela era amável, carinhosa e confiante.

Apesar de a garota agir muitas vezes com frieza, dentro dela existia um coração gentil. Palavras que dizia eram apenas palavras. O que falavam dela era só o que falavam. Sarah estava em uma época de sua vida em que já não se importava tanto com amizades e amores. Estava inconformada com tudo, mas mesmo assim resistia. Ou talvez fingisse resistir. De fato, vivia em um conflito com ela mesma; às vezes doce, às vezes amarga demais.

Já havia amanhecido. Ela já estava atrasada para a aula. Naquela noite, tinha dormido tão bem que, pela manhã, não tinha nem um pouco de vontade de levantar-se.

Bocejou rapidamente, deitou-se novamente na cama e seu pai, da sala, gritou para a menina se aprontar para a escola. Sarah resmungou, lavou o rosto, arrumou-se para a escola, passou seu lápis (que nunca podia esquecer), prendeu seu cabelo em um coque e foi caminhando lentamente até seu ponto de ônibus. Tanto apressaram a garota para sair de casa que ao chegar na parada reparou que tinha esquecido seus fones de ouvido. Pronto: agora seria outra manhã cansativa para ela. A vontade que Sarah tinha naquele momento era de sumir. Desde que as aulas tinham começado, nunca tinha esquecido seus fones de ouvido. O que ela faria agora, nos intervalos e durante as aulas de que não gostava?

Não entrei para a aula antes que Sarah chegasse. Fiquei lá no pátio esperando por algum sinal da garota. Olhei para meu relógio e lá apontava que logo começaria minha aula de teologia. Esperaria ela ali o tempo que fosse necessário. Não era nem um pouco de sacrifício ter que ficar ali olhando para o nada e pensando em enxergar a garota.

Estava lá sentado quando um professor me avistou e pediu para que entrasse. Acabei discutindo com ele e me mandou para a direção. A diretora perguntou porque não tinha entrado ainda nas aulas se sabia do compromisso que tinha com a escola. Ela também falou que meu pai pagava caro para eu estudar lá e que só não chamaria ele ali porque seria muito incômodo atrapalhar os pais por atitudes que eu sabia que eram erradas. Eu até falei para a diretora me expulsar de lá, mas ela não queria de jeito nenhum perder dinheiro e nem incomodava tanto. Então, me pediu para ir para a sala. Então eu falei:

- Estou indo, só tenho que esperar Sarah.

A diretora me olhou com ar de indignação.

- Brian, quem é Sarah?

- Como a Senhora não sabe que é Sarah? Ela é a menina mais esquisita desse colégio. Usa os fones de ouvido todos os dias, maquiagem escura, está sempre de mal com a vida, usa um coque ou o cabelo preso para o lado. Vai lembrando aí enquanto eu vou lá fora esperar por ela - eu disse.

A diretora me chamou novamente:

- O que é agora? - perguntei, irritado.

- Se você disse que ela é tão esquisita assim, por que você vai esperar por ela? - ela questionou.

- Porque descobri que o esquisito me atrai - admiti.

E dei uma risada enquanto saía pela porta da direção.

- Garoto, quem você pensa que é para fazer o que quer? - perguntou a diretora.

- Desculpe, senhora, não sou nada mesmo. Você me permite esperar por ela? - respondi.

- Brian, acha que sendo educado comigo vai mudar alguma coisa que penso em relação a você?

- Se você me acha lindo e interessante, acho que não! - respondi, ironicamente.

Sabia que iria arrumar uma bronca feia com meus pais e a diretora mais tarde, mas fui para o pátio e Sarah, desta vez, estava lá. Animei-me por ter encontrado ela e fui correndo dar-lhe um abraço. Ela me empurrou.

- Quem você acha que é para chegar do nada e me agarrar desse jeito? - perguntou, irritada.

- Desculpe, Sarah, estava com saudade de você - respondi.

Logo no início notei que ela estava sem os fones de ouvido, e então perguntei:

- Foi só me conhecer que já abandonou os fones?

Ela não aguentou ficar quieta.

- Na realidade não. Esqueci eles, mesmo. E você, por quê não está estudando?

- Fiquei aqui te esperando - falei.

- Grande perda de tempo a sua - rebateu ela.

Mesmo com ela respondendo tudo de forma atravessada comigo, eu gostava de conversar com aquela menina. Entramos cada um em sua aula e nos encontramos novamente no intervalo. Naquele dia, Sarah estava com uma colega, e na maior parte do tempo nem prestou atenção no que falava com a amiga. As duas tinham ido para o corredor e parecia que a conversa de Sarah com aquela menina era bem mais interessante do que a minha com ela. Meus colegas me chamaram para ir com eles assistir o treino das líderes de torcida, e eu, mesmo querendo ir lá com Sarah, fui ver as outras garotas.

Fiquei um tempo com uma turma de amigos na arquibancada assistindo às garotas, e para ser bem sincero, estava muito chato. Uma das garotas me chamou. Meus colegas todos ficaram felizes por mim, mas eu disse que tinha compromisso. Meus amigos insistiram para que eu ficasse com ela e aceitei. Depois, ela me convidou para sair no fim da tarde. Recusei o convite e sai de lá.

Logo teria de ir para casa e nem tinha falado tanto com Sarah naquela manhã. Vi ela na saída e corri para falar com ela.

- Sarah, você não se importa mesmo, né?

- Se importar com o quê, Brian? - perguntou ela, em tom desinteressado.

- Foi só você esquecer seus fones de ouvido que esqueceu de mim também? - insisti.

- Não sou acostumada a lembrar de você, mesmo... - disse ela.

Depois de me falar isso, me abraçou e deu um beijo em meu rosto. Surpreendi-me com aquela atitude. Ela conseguia ser a pessoa mais significante para mim, mesmo que fosse tão insignificante para ela. Eu perguntei se ela tinha algum compromisso à tarde e ela e disse que tinha um compromisso sério com a cama.

- Sarah, quer sair comigo hoje? - perguntei.

- Só se for para ir na lancheria - disse ela.

- É sério que você aceitou? - rebati, surpreso.

- Não aceitei ainda, só perguntei se vai ser na lancheria - advertiu a garota.

- Se for você vai aceitar? - questionei, esperançoso.

- Talvez - respondeu ela.

Eu estava tão feliz por ela ter aceitado meu convite que concordei.

Sarah chegou em sua casa, e por incrível que parecia, seus pais não estavam discutindo.

- Pai, mãe... Vocês por acaso viram meus fones? - perguntou a garota.

- Eu vi, sim. Hoje pela manhã você saiu de casa e esqueceu eles em cima da estante da sala - disse a mãe dela.

- Mãe eles não estão mais aqui!

- Sim, sim... Estão no lixo agora. Seu irmão estragou-os - informou a mãe de Sarah.

- Obrigada, meu irmão, por destruir meus fones - respondeu a menina, indignada.

- Não desconte sua raiva nele, filha, ele é pequeno e não entende muito bem as coisas, ele não tem culpa você que não soube cuidar deles - disse a mãe, tentando controlar a situação.

- Ah, claro, claro... Eu sempre sou a errada dessa casa - disse Sarah, visivelmente chateada.

- Sarah, não se altere, eu te dou o dinheiro e você compra outro - disse a mãe.

- Já que você vai me dar o dinheiro dos fones, hoje no final da tarde vou sair com Brian e precisarei de dinheiro - prosseguiu a garota.

- Sarah você vai aonde com esse rapaz?

- Não se preocupe, mãe, iremos a uma lancheria que tem perto da escola.

- Está bem, mas antes de você sair eu gostaria que arrumasse seu quarto, me ajudasse aqui em casa a separar alguns objetos antigos e atendesse seu irmão. Depois, você pode ir.

- Não vou tirar nada do meu quarto. Ele é meu, a bagunça é minha e o lixo é meu - retrucou a menina.

- Ou você arruma seu quarto ou você não vai sair hoje - ameaçou a mãe.

- Está bem, se for essa a condição, então eu fico em casa - disse Sarah.

- Não, Sarah, você vai arrumar seu quarto sim e vai sair. Você não vai deixar seu amigo te esperando.

- Brian vai lanchar de qualquer jeito, tenho certeza - falou a menina.

- Sarah, não discuta, por favor, apenas me obedeça - pediu a matriarca.

- Está certo. Então, me chama na hora do almoço - aceitou Sarah.

No dia seguinte nos encontramos na entrada do colégio e ela parecia estar mais feliz do que nos outros dias. Entreguei a ela um presente. Tinha uns fones guardados em casa, e como não usava-os presenteei-a. Sarah me agradeceu. Perguntei a ela se tinha gostado de sair comigo no dia anterior. Rindo de mim, respondeu que sim. Falou que apesar de ter que arrumar o quarto e ajudar sua mãe, até que tinha gostado do passeio. Me animei por ela e, sem querer, fiz outro convite:

- Sarah, quer sair comigo hoje também?

- Brian, você acha que não tenho nada mais o que fazer?

- Acho - prossegui.

- É, eu não tenho mesmo... - disse ela, ironizando.

- Então, vamos aonde hoje? - continuei investindo.

- Eu vou para minha casa, você eu não sei - ela disse.

- Estou falando de hoje à tarde, Sarah... - insisti.

- Eu sei. Eu também.

- Você não vai sair comigo? - perguntei, esperançoso.

- Não, ou esta difícil de você entender?

- Desisto - falei, me rendendo..

Apesar de ser tão difícil convencer Sarah a concordar em alguma coisa comigo, passei a tarde na casa dela e não sei por que ela nunca falava de seus pais. Eles eram pessoas bem legais. Também naquela tarde conheci seu irmão menor, sobre quem também não me lembro dela ter comentado comigo. Ela tinha uma família muito bonita, não sei por que vivia reclamando de tudo. Não comentei sobre isso com ela até por que provavelmente ela não iria gostar que eu tocasse no assunto. Enquanto ela estava distraída procurando um de seus acessórios de cabelo, olhei alguns desenhos que tinha na estante do quarto dela. Ela sabia desenhar muito bem. Um de seus desenhos era o rosto de uma menina muito parecida com ela, e como tinha me chamado a atenção, segurei-o em minhas mãos.

- O que você que está fazendo? - ela perguntou.

- Desculpe, eu só estava olhando uns desenhos que achei aqui. São seus? - questionei.

- São sim.

- Nossa, Sarah, você desenha muito bem! - falei.

- Não deixei você mexer aí - disse ela, irritada.

- Nossa, são só seus desenhos, não dramatiza - tentei tranquilizá-la.

Sarah, depois de surtar por eu estar mexendo em seus desenhos, me deixou olhar o resto. Fomos para a sala e a mãe dela tinha preparado um lanche maravilhoso para nós. Depois fomos juntos com a mãe de Sarah ao supermercado. Enquanto Sarah cuidava do irmão eu ajudava a mãe dela nas compras. Aquele dia tinha sido mesmo muito bom. Nós tínhamos nos divertido muito. Mas Sarah não tirava mais aqueles fones de ouvido. Aquilo me irritava, mas errado fui eu por querer agradar a ela presenteando-a com aquilo, mesmo sabendo que ela trocava qualquer pessoa por aqueles fones. Fui me acostumando com suas manias e elas com as minhas. Na saída do mercado, tive que ir para casa.

- Até logo, Sarah e senhora Megan. Foi muito bom passar a tarde com vocês - falei.

- Apareça mais vez, jovem, você sempre será bem recebido lá em casa - disse a mãe de Sarah.

- Pode ter certeza que aparecerei - respondi.

Fui para casa cansado. Tinha mesmo corrido bastante naquele mercado, tudo para agradar a mãe de Sarah. Até porque a menina estava ocupada demais cuidando do irmão e escutando música. Eu não tinha muita noção mesmo do que fazia, mas a cada dia que passava com Sarah nossa amizade ficava mais forte. E cada dia mais eu me estressava e me sentia bem com aquela menina ao meu lado. Não sei direito, ela me confundia de verdade. Ao mesmo tempo em que ela era irônica era séria. Não passava um dia sem que ela me enchesse de xingamentos, mas o que mais me surpreendia era que nunca Sarah mudou por causa do que eu reclamava dela. Virei um tipo de "melhor amigo" dela, comecei a passar sempre as tardes com ela e me acostumar com o jeito dela.

- Sarah, você não percebe o quanto você me irrita? - perguntei.

- Percebo sim. Por quê você ainda está aqui? - ela rebateu.

- Não sei. Sinceramente, não sei - falei.

- Só pode me amar mesmo - respondeu a garota.

E o pior é que a amava. Ela não tinha nada que pudesse fazer, ser uma miss ou rainha de algum concurso de beleza, preferia ir em shows de bandas do que participar de concursos. Se bem que nunca perguntei a ela se já havia se interessado por algum concurso. É claro que já sabia que a resposta seria alguma coisa do tipo:

- Por quê você não participa, se está tão interessado assim? - perguntou ela, irritada.

Conquistar Sarah era mais desafiador do que vencer o campeonato de basquete da escola. Ela era muito despreo-cupada, era capaz de esquecer de mim tão facilmente quanto esquecer a ela mesma. Algumas vezes tentei conversar com ela sobre seu comportamento e perguntar por que ela prefe-ria seus fones de ouvido às pessoas. Não lembro dela ter me explicado tão bem as atitudes que tinha quando íamos em algum lugar público ou quando almoçávamos junto à sua família. Lembro que uma vez ela me falou sobre os motivos da preferência que tinha pelos fones. Ela me disse, meio sem querer, no impulso do momento, que estava estressada. Foi na saída da aula que ela se irritou com os colegas:

- Sabe por que prefiro meus fones, Brian? Porque eu não preciso dar explicações do que sinto para eles. Eu simplesmente os coloco e consigo fugir do mundo. Só largo deles quando você provar para mim o contrário do que penso sobre as pessoas. Sinceramente não te entendo, não entendo por que eu preciso aguentar essa turma que os pais fazem. Eles estão aqui só porque os pais pagam mesmo, mas tenho certeza que é só concluírem os estudos que vão todos para outros caminhos. Você acha mesmo que algum deles vai seguir alguma carreira que precise de algum esforço? Você acha que eles estão preocupados em ganhar a vida sem depender dos pais? Sinceramente, eles não estão nem aí. Não sei se os mais despreocupados são os pais ou os filhos, só sei que já estou cansada disso tudo - desabafou a menina.

- Chega, Sarah? Já acabou seu discurso? - perguntei.

- Até você, Brian? - perguntou ela, impaciente.

- Você não pode falar assim das pessoas se você nem as conhece direito.

- Nem quero conhecer. E você também se inclui nisso.

- Agora entendi. Esqueci que você não estuda aqui, não é mesmo? Sarah, chega, você reclama demais e você não é melhor nem pior que ninguém - desabafei.

- Não lembro de ter me comparado a alguém. Eu só falei o que eu acho - respondeu ela.

Mesmo que minha vontade fosse deixar ela ali, resmungando, eu não conseguiria de jeito nenhum. Então me acalmei, Sarah colocou os fones novamente e se direcionou às escadarias. Eu a segui, e ela, percebendo que eu não a tinha deixado sozinha, não se aquietou: tirou os fones. Por um instante, pensei que ela tinha se acalmado .Foi aí que ela virou para atrás e perguntou:

- Por que você não vai lá com a líder de torcida? Com certeza ela vai gostar.

- Do que você esta falando, Sarah? - perguntei, meio perdido.

- Tem certeza que você não sabe, bonitinho? - ela virou para a frente e colocou os fones. Fechou os olhos e respirou bem fundo. Quando ela fazia isso, eu tinha absoluta certeza de que a próxima reação dela seria chorar.

- Sarah, você está bem? - perguntei.

Ela ficou alguns minutos sem falar nada. E eu também não fiquei olhando para ela. Ela ficou virada de costas para mim e eu tentando achar alguma maneira de acalmar Sarah.

- O que aconteceu, Sarah? Se você me explicar, posso te entender melhor - falei.

Foi aí que ela me mostrou uma foto minha com a líder de torcida, e me falou que meus amigos tinham a entregado a ela.

- Nossa, é só por isso que você está assim? Sarah, ela é só uma garota!

- Eu sei, ainda sei identificar a diferença de uma garota para um garoto - disse ela.

- Qual é o problema? - perguntei.

- Nenhum, Brian, nenhum...

Ela saiu correndo e pediu para que não a seguisse. É claro que eu a seguiria, mas antes fui falar com os caras que entregaram a fotografia nas mãos dela. Primeiro fui tentar descobrir quem era o cara, e não demorou muito para identificar. Era um dos caras que fingiam ser meus amigos, mas por trás queriam apenas ferrar comigo. Depois de subir até o vestuário do time da escola, fui falar com três garotas que passavam na frente dos banheiros.

- Garotas, vocês viram o filho do treinador? - perguntei.

- Vimos sim, ele estava lá na cancha até agora - informaram.

Sim, era ele o filho do treinador, estava interessado em Sarah e fazia de tudo para me prejudicar. Sempre suspeitei da sutil gentileza que tinha para com os colegas, mas comigo ele era diferente. Se aproveitava de cada deslize que fazia para se aproveitar. Então corri até a cancha e o chamei para conversar.

- Foi você que entregou aquela fotografia à Sarah?

- Foi sim, Brian, achei que ela iria gostar de saber como o amiguinho dela é com as garotas.

- O que eu te fiz, cara? Você não presta, mesmo - falei.

- Se eu presto ou não, isso só Sarah saberá - ele rebateu.

- Não se aproxime dela. Sarah não gosta de gente como você - falei.

- Faz assim, Brian, você fica com a bonitinha líder de torcida e eu fico com a Sarah.

- É sério, não se aproxime dela - adverti.

- Tarde demais, Brian - provocou ele.

Eu estava furioso com aquilo. Estava furioso com aquela situação e mais ainda com Sarah por ter duvidado da minha confiança e confiado naquele cara. Ele só tinha fama no colégio por ser filho do treinador. Eu suspirei para não avançar nele, mas de nada adiantaria, para falar a verdade. O resultado seria eu sendo encaminhado para algum hospital, todo quebrado. Desci as escadas e, para a minha surpresa, encontrei a garota da foto. Ela tentou puxar papo comigo e avisei que não poderia prolongar a conversa porque tinha aula e tinha alguns assuntos pendentes a resolver. A garota insistiu para que eu ficasse e tive que levantar a voz com ela.

- Me deixa em paz, garota, você não percebe que não quero nada com você? - perguntei, irritado.

Depois de ter gritado com ela não aguentei. Tive que pedir desculpas, mas expliquei que não poderia prolongar a conversa de verdade, porque teria que resolver alguns probleminhas.

Procurei nos lugares em que sabia que Sarah poderia estar, mas não a encontrei. Tive que voltar para as aulas e não consegui prestar atenção em nada. O professor me perguntava se estava tudo bem e eu dizia que sim. Na saída, fui esperar Sarah sair de sua aula, mas a encontrei conversando com o filho do treinador. Os dois saíram rindo de lá e eu, pela primeira vez, me senti o pior ser humano do mundo. Comecei a gelar, tremer, e os piores pensamentos começaram a surgir em mim. Gritei de onde estava:

- Sarah, já podemos ir!

Ela fingiu não ter me escutado e os dois saíram de mãos dadas.

- Sarah, me espere. Sarah! - implorei.

É, parece que aquele cara conseguia ser mais interessante que eu... Por alguns instantes meu coração congelou, se partiu e acelerou. Parece que aquele dia seria sem Sarah. Fui encontrar meus colegas e os mais próximos de mim perceberam o que havia acontecido. Pediram que eu não me estressasse tanto e disseram que eles estariam sempre ao meu lado. Agradeci ao apoio que me deram. Para me confortar, me convidaram para ir com eles comprar ingressos para um show que ocorreria no sábado à noite na cidade. Eu aceitei. Desde que conheci Sarah esqueci das amizades que tinha e não me importava mais com nada, a não ser ela. O melhor de tudo foi saber que eu os tinha sempre ao meu lado. Eu não concordava com muitas das coisas que faziam, creio que é por que fui criado em uma família cheia de regras e horários. Todos sabiam do quanto meus pais eram ricos e o quanto minha família era bem vista, mas também sabiam que dos quatro filhos que meus pais tinham eu era o mais errado. Eu gostava de meus pais e gostava de meus irmãos, mas eles queriam que eu fosse algo que não era, e eu optei por ser eu mesmo.

Por eu ser o mais diferente da família, meus pais escolheram bem o colégio em que iriam me matricular. Queriam que fosse para um instituto em que pudesse me tornar um homem melhor. Eles acreditavam muito na minha capacidade e acreditavam que eu daria continuidade à empresa de meu pai. Todos também sabiam que achava uma chatice tudo aquilo e que meu sonho mesmo era ganhar dinheiro com a música. Sim, sou músico. Pouco meus pais se interessavam pelas músicas que eu compunha. Eu não era muito de teimar com meus pais, principalmente porque sabia que o único prejudicado sempre seria eu, e o dinheiro que recebia todo o mês vinha de meu pai. O acordo na minha casa era assim: eu concordava com eles e eles me apoiavam financeiramente. Se discordasse deles, tinha que eu mesmo me financiar. Acho que não os contrariava por isso, tinha muito medo de assumir algum tipo de responsabilidade. Se tinha eles, tinha tudo do bom e do melhor. Lá em casa as coisas eram boas demais. Nas férias escolhíamos para qual lugar viajaríamos. Levava sempre alguns amigos junto, e algumas vezes levei garotas também.

Não interessava para mim mais nada. Agora só queria saber por que eu era assim. Se eu tinha tantos amigos, tantas coisas e tantas garotas afim de mim, por quê me importava tanto com ela?

Em algumas ocasiões comentei sobre Sarah com minha mãe, e lembro que ela dizia que Sarah parecia ser uma garota de valor. Tudo que minha mãe dizia levava a sério, e para falar aquilo ela devia saber mesmo do estava falando.

Quando cheguei em casa não resisti. Comecei a lembrar de ter encontrado Sarah chorando. Lembrei do discurso que ela fez poucos minutos antes de brigarmos. Lembrei-me do filho do treinador, da fotografia e dos dois de mãos dadas na saída. Peguei meu violão, uma caneta e um papel e compus:

Hoje vi você chorando
Você e outro cara a sós
Se esse mundo machuca
Não canso de te querer
Sei que sou um cara perdido
Me perdi no teu olhar
Hoje quando te vi com outro cara
Meu coração começou a arrebentar
Sarah onde você está?
Sarah não quero te perder
Sarah deixa eu te conquistar
Sarah, cadê você?
Ele deve ser mais interessante
Talvez por algum instante
Só ele saiba amar
Se por algum segundo
Lembrar que nesse mundo
Um outro cara espera por você
Estou te esperando
Enlouquecendo, sonhando
Sarah, eu não quero te perder

E fiquei no quarto, cantando para as paredes, já que Sarah com certeza não estava interessada no estado em que fiquei. Eu costumava ficar trancado em casa quando estava chateado; minha mãe foi até meu quarto perguntar o que tinha acontecido comigo e eu a explique. Depois dela me dar alguns conselhos eu me senti melhor, e então meu irmão menor me chamou:

- Mano, joga videogame comigo? Joga, por favor?

- O teu mano não está legal hoje, filho - disse minha mãe.

- Mãe, eu não tenho o que fazer - respondi.

- Eba! O mano vai jogar comigo! - comemorou meu irmão.

- Sim, e eu vou te ganhar - desafiei.

-Vai não - ele disse.

Naquela tarde o que passei com meu irmão fez até bem para mim. Já fazia tempo que eu não jogava videogame. Acabei não indo comprar os ingressos do show que aconteceria sábado, mas tinha certeza de que os caras tinham comprado a mais, então nem me estressei. Mesmo que a tarde com meu irmão tivesse sido boa, ainda ficava irritado comigo mesmo por nem todas as coisas estarem indo bem. O meu irmão mais velho tinha ido até meu quarto. Ele queria ver se tinha comprado os ingressos para o show de sábado. Ele sabia que era meu costume deixar sempre tudo para a última hora, então mal me cumprimentou direito, foi direto para o meu quarto. Não encontrou os ingressos, mas encontrou algo que lhe interessou muito mais: a música que eu tinha esquecido escrita em uma folha jogada em cima da cama. Meu irmão tinha uma banda, e se interessou pela letra. Desceu as escadas correndo e me chamou para conversar. Perguntou se eu estava apaixonado ou alguma coisa do tipo. Falei que não, então ele me mostrou a letra que eu compus e tive que contar toda a história para ele. Ele disse que era mesmo complicada aquela situação que eu estava passando, mas se a garota da história era mesmo Sarah e eu achava que devia correr atrás dela, então eu deveria que correr. Para finalizar a conversa, meu irmão perguntou se eu deixaria a banda dele tocar aquela música na sexta-feira à noite em um restaurante. Eu fiquei meio em dúvida, porque, afinal de contas, a letra falava de meus sentimentos e de Sarah. Não quis deixar meu irmão na mão, então disse que ele poderia fazer o eu quisesse com aquela letra.

- Valeu, irmão, agradecido mesmo pela magnífica letra - ele disse.

- Agradeço eu por se interessar pela minha tragédia de letra - respondi.

- Cara, a banda vai crescer com essa letra - empolgou-se meu irmão.

- Não acho que seja tanto assim - opinei.

- Então só espera - disse ele.

Meu irmão estava mesmo empolgado com aquela letra e eu estava tentando não virar uma pessoa melancólica por causa de uma garota. Só fazia uma tarde que não a via e ela não era minha melhor amiga nem minha namorada. Esperto foi o filho do treinador, que não perdeu tempo. O que ele fez para conquistar Sarah tão depressa não sei.

Sarah era mesmo uma garota cheia de surpresas. Nós nunca sabíamos qual seria a sua próxima reação. E também não entendi por que ela quis justo o filho do treinador. Ela estava sempre de cara amarrada, reclamando de tudo ou com os fones de ouvido... Por quê algum garoto se interessaria da mesma forma que eu por ela? Não sei como explicar, acho que tinha mais alguém que gostava de esquisitice. No dia seguinte cheguei na escola e Sarah veio até mim.

- Brian, você já conheceu meu namorado?

- Namorado, Sarah? - perguntei, expressando espanto.

- Sim, namorado. Algum problema?

- Não, nenhum. Felicidades ao casal - respondi, tentando disfarçar a tristeza.

Ela me desejou boa aula e saiu com o namorado. Meus colegas, vendo a cena, deram leves batidas nas minhas costas e falaram:

- Aguenta, cara.
- Calma, que é só o começo.
- Não desanima.

Falei a eles que estava tudo bem comigo e que ia ficar bem melhor até o final da aula. No intervalo vi novamente o casal e os dois estavam sentados na escadaria. Ele devia ser mesmo muito engraçado porque Sarah não parava de rir. Eu ficava lá, observando tudo de longe. Meus colegas falavam comigo e eu seguia pensando em alguma maneira de acabar com aquilo. Comecei a analisar os fatos, juntar as ideias e concluí que o errado disso tudo era mesmo eu. Fui eu que comecei falhando. Se estava interessado tanto assim em Sarah, por que deslizei feio em preferir a líder de torcida? Eu devia ter falado tudo para Sarah. Talvez ela acreditasse mais em mim. O que mais me deixava confuso é que conhecia ela bem e ela não era assim. Fui me acalmando e percebendo como tudo ocorria. Todos os dias foram assim: ela me cumprimentava no início e no fim das aulas, perguntava se eu estava bem e coisas assim...

Meu irmão estava certo: a música que fiz para Sarah foi um sucesso para a banda e para mim também. Passaram-se duas semanas, as mais demoradas da minha vida, e encontrei Sarah com seus fones de ouvido nas escadarias. Perguntei sobre o namorado dela e ela disse que ele logo chegaria. Percebi que tinha alguma coisa estranha com ela. Estava mais sensível que da última vez em que havíamos conversado. Falou para mim que ela não gostava daquele cara e que tinha sentido muito a minha falta naquele período que passou com ele. Então perguntei por que ela ainda estava com ele. Ela me respondeu que precisava de alguém que precisasse dela. Falou que quando ele levou para ela a fotografia minha com a líder de torcida, ela tinha entendido que eu era só mais um aproveitador e que não me importava de verdade com ela.   Ouvindo aquilo, não aguentei, e pela primeira vez chorei em público.

- Sarah, você é a única pessoa capaz de me fazer chorar e sorrir ao mesmo tempo - falei.

Ela riu da situação.

- Brian, você é o único capaz de me aguentar, mesmo não me entendendo.

Eu estava abraçado nela quando o namorado dela chegou. Antes que pudesse me distanciar, ele a encheu de xingamentos e tirou-a de perto de mim.

- Sarah, com você me entendo mais tarde. Agora, você, Brian... - disse ele, em tom ameaçador.

Sim, eu apanhei. Mas valeu à pena aquela surra. Sarah largou dele e agora era minha namorada. Quem diria... Tanto persisti que deu mesmo certo. Depois que começamos a namorar, muita coisa mudou. As discussões aumentaram, os surtos de Sarah continuaram, os ciúmes que mantínhamos um pelo outro também. Acho que estávamos realmente apaixonados. Em toda a minha vida nunca tinha me sentido tão bem como me sentia agora, ao lado dela. Nós, mais que namorados, éramos amigos e companheiros um do outro, para todas as horas. Sarah se dava bem com a minha família e as manias de reclamações dela foram sumindo aos poucos.

- Brian, cansei - disse ela.

- Cansou, Sarah?

- É, cansei - ela reforçou.

- Então, dorme que passa - brinquei.

- Tenho medo de dormir e acordar com medo - metaforizou a menina.

- Medo do quê? Estou ao teu lado - respondi.

- Esse é meu medo: acordar e você não estar mais

aqui - explicou Sarah.

Ela era o tipo de garota complicada de lidar. Era teimosa, mas eu gostava dessa teimosia.

- Posso ir ao show da banda de seu irmão hoje? - ela perguntou.

- Não acho uma boa ideia, Sarah.

- Vai ser sempre assim? Só vamos quando você quiser, Brian?

- Eu só não estou com ânimo para assistir show hoje, só isso - tentei despistar.

- Ah, que bom, mas eu estou. Se você não quiser ir comigo tudo bem, eu irei assim mesmo - disse ela.

Eu acabava sempre concordando com ela e indo onde ela queria. Tornou-se costume eu discordar do que ela queria e sempre acabar fazendo suas vontades. Eu fui percebendo o quanto Sarah havia mudado desde que a conheci. Antes ela parecia uma esquisita, agora não conseguia mais viver sem ela. Não sabia explicar o que sentia por aquela garota. Era uma mistura de "não quero você" com "eu não consigo mais viver sem você". Ela havia abandonado até mesmo seus fones de ouvido, e isso me fazia me sentir como alguma coisa significante para ela. Poucos casais se entenderiam tão bem como eu e ela. Nós éramos inseparáveis, ou melhor, ficamos inseparáveis. Cada dia mais, ela precisava de mim e eu dela. Meus amigos até estranhavam e diziam que estava ficando doente, mas Sarah é que conseguia me deixar doente. Não sei como, mas ela conseguia. Inexplicavelmente, nenhuma garota me chamava a atenção. Somente Sarah.

Passaram-se alguns meses e comecei a notar diferença no comportamento de Sarah. Ela tinha voltado a usar os fones e ficava muito quieta quando estava comigo.

- Está tudo bem com você? - perguntei.

- Porque não estaria, Brian?

- Você está estranha...

- Desculpa, mas acho que você não conhece sua namorada, Brian.

- Conheço sim. O que você está me escondendo? - insisti.

- Nada - disse ela.

Puxei as mangas do moletom que ela vestia e os seus braços estavam marcados com cicatrizes de lâmina. Pedi uma explicação para aquilo.

- Não vou te explicar. Você não entende mesmo.

- Você não precisa fazer isso.

- Quem é você para dizer do que eu preciso ou não? Você nem me conhece direito, muito menos se preocupa com o que sinto - ela disse, irritada.

- Sou seu namorado. É claro, você não está nem aí para o que eu penso, sempre a sua opinião é a certa e a que prevalece. Não acredito, eu pensando que te fazia a pessoa mais feliz do mundo e você fazendo isso comigo. Você não tem jeito, mesmo. Eu o tempo todo tentando te ajudar e você o tempo todo recusando ajuda. Não entendo por que você desde sempre foi assim. Errado fui eu em acreditar que fiz alguma diferença em sua vida. Pensei que quisesse companhia e alguém que realmente se importasse contigo. Parece que me enganei de novo. Como você quer que alguém te entenda se a única coisa que sabe fazer é chorar e fugir do que sabe que pode te ajudar? Eu não desisti de você, mas acho melhor darmos um tempo. Parece que a lâmina te alivia mais do que a minha companhia, então vai, Sarah, termina de se mutilar, já que não faço mais falta na tua vida. Quando você melhorar, me procura. Eu te amo, mas assim não dá - desabafei.

- Você que sabe, Brian - respondeu ela, emocionada.

Sarah saiu chorando em direção à casa de seus pais, e para surpresa dela, ao chegar lá, seus pais ainda estavam discutindo. Quando ela chegou recolheu seu irmão e o levou para o quarto, e de lá ficou ouvindo a discussão. Parece que agora tudo estava dando errado. Com a discussão dos pais, o irmão de Sarah chorava desesperadamente. Ela segurou o irmão no colo e pela primeira vez tentou acalmá-lo.

- Mano, tudo vai ficar, bem pode ficar tranquilo - disse ela.

Dos olhos de Sarah escorriam lágrimas que quase imploravam ajuda. Não conseguiu dormir direito naquela noite. Deitou sobre sua cama, colocou seu irmão menor em seus braços e chorou.

Depois que Sarah saiu lá de casa comecei a entrar em pânico. Não ajudei nem um pouco terminando com ela. Não conseguia me controlar. Quando entrava em desespero, falava por impulso e agia de forma errada sem perceber. No momento em que ela mais precisou de mim eu a abandonei. Só em lembrar as cicatrizes que ela tinha no braço já me arrepiava todo por não ter ajudado. Eu estava completamente errado.

Eu sabia dos conflitos que Sarah tinha com ela mesma e em casa. Também sabia o quanto Sarah necessitava de ajuda, mas eu nunca soube ser um bom namorado. Me achei o pior dos seres humanos naquele momento. Eu tinha prometido que não faria mais nada de errado para ela. Só que quem fez errado comigo foi ela. Jamais passou pela minha cabeça que Sarah poderia pensar em fazer alguma coisa errada para fugir do sofrimento que sentia. Sabia desde que a conheci que ela não era fácil. Algum motivo fazia sempre com que ela fugisse das pessoas que estavam ao redor dela. Ela estava cada vez mais calada por que a dor que sentia era inexplicável. Eu me apaixonei por cada defeito de Sarah, me apaixonei mais por seus defeitos do que pelas qualidades. A maneira que ela demonstrava se importar nem todos conseguiam perceber. Ela nunca disse "eu te amo" sem que amasse de verdade. Sua maquiagem escura só escondia a beleza e a pureza que escondia em seu olhar. Suas palavras nem sempre eram suficientes para mostrar o que o seu coração sentia.

Quando a conheci ela era só uma garota estranha que chamou a minha atenção. Depois sua estranheza virou minha estranheza também. Tantas situações passávamos juntos, tantos momentos que criticavam ela e eu via como ela fingia não se importar, e no fundo se envergonhava toda com a situação. Ela era irônica com quem gostava e durona com quem não a entendia; doce com quem a agradava, insuportável com quem a irritava. Comigo ela de tudo um pouco. Falava o que pensava na hora, não se importava se aceitava o que eu ela dizia ou não. Acho que ela procurava em mim alguém que se importasse menos ou ela esperava que fosse alguém que pensasse como ela. Muitas de nossas discussões eram por motivos bobos e muitas discussões sempre quem começava era ela. Eu tinha tanto amor por ela que se pudesse sofrer em seu lugar eu sofreria. O pior de tudo e o que mais me incomodava era sofrer vendo ela sofrer. Minha mãe chegou ao meu quarto e pediu que eu fosse jantar. Eu disse que estava sem fome.

- Filho, se você está assim por causa daquela garota você não merece ela. Essa menina só te faz sofrer - ela disse.

- Mãe, se para eu ganhar o amor de Sarah eu precisar morrer, então eu morro - falei.

- Não exagere, menino, ela é só uma das muitas

namoradas que ainda você vai ter.

  - Obrigado, mãe. Agora, por favor, me deixa sozinho - pedi.

  - Você que sabe, querido.

  - Mãe, você não entende. Eu não quero outra garota. Eu quero ela - falei, emocionado.

Não entendia o porquê dos cortes, não entendia de jeito nenhum. Ela não estava abandonada, eu sempre estive ao lado dela. Peguei meu violão, um papel e uma caneta e novamente compus.

Terminei de compor e voltei a chorar. Se enquanto ela estava ao meu lado doía, na distância doía muito mais. Eu podia estar errado sobre muita coisa, e é claro que não era só o fato dela ter discutido comigo, mas o fato de todos ao redor parecerem me odiar. Eu sei que boa parte de minha vida eu tinha sido um cara desajuizado, metido, mas eu estava tentando mudar. Minha mãe voltou ao quarto para me chamar novamente, então desci para a janta antes que ela enlouquecesse comigo. Naquela noite meu pai iria jantar conosco, e isso era quase raridade naqueles últimos dias, então levei em consideração a presença dele e desci para a janta.

- Boa noite família, boa noite pai.

- Boa noite filho, como foi seu dia?

- Foi ótimo, pai. Você não imagina como estou feliz - respondi.

Acho que toda minha família sentiu a ironia naquele momento.

- E os estudos, filho, como estão indo?

- Parece que nesses últimos meses meu menino amadureceu. E a namorada, como está? - perguntou ele.

- Ela está bem, graças a Deus - tentei disfarçar.

Minha mãe olhou para mim como se quisesse dizer que eu não tinha mais jeito. Ficou reparando no assunto durante bastante tempo, até interferir na conversa entre eu e meu pai. Eu pensando que ele me falaria alguma coisa interessante, que me ajudasse, ou talvez alguma coisa da qual eu pudesse tirar algum proveito, mas não. Ela tinha que de alguma maneira tocar no nome de Sarah.

- Filho, você contou para seu pai o que sua namorada te fez?

- Não, mãe, com certeza ele não está interessado em saber.

- É claro que estou, meu rapaz. Conta logo o que ela te fez - disse meu pai.

- Nada não, pai - tentei desconversar.

- Conta logo, filho, conta para o seu pai como ela anda te tratando ultimamente.

- Eu já disse que não. Vai ser sempre assim quando

eu disser que não quero falar sobre esse assunto? Você sabe que eu não gosto. Eu estava bem, mãe... Até estava voltando ao meu estado normal, só que graças a seu comentário desnecessário perdi até a fome. Parabéns, você conseguiu me fazer me sentir o pior dos piores e a você devo as minhas desculpas. Acho melhor eu subir. Não tenho mais nada para fazer aqui. Boa noite a todos - falei, me retirando.

Saí bufando de raiva, e como já havia dito, não era tão fácil eu ficar daquele jeito. Minha mãe conseguiu me fazer me sentir pior do que eu já estava. Fiquei sentido pelos meus pais, mas tenho certeza que ele me compreendia, pois, ao contrário de minha mãe, ele ficou calado quando saí.

- Brian, onde você pensa que vai? - perguntou mamãe.

- Não está vendo? - perguntei.

- Sou sua mãe, me respeite!

Virei-me e subi as escadas correndo. Na hora até pesou na consciência, mas depois passou. Acho que meu pai não tinha escolhido o melhor dia para jantar lá em casa. Eu não ia aguentar ficar junto dele com minha mãe ao lado, se metendo em todos os nossos assuntos. Admito que naquele dia minha mãe escolheu me tirar do sério desde a hora em que eu e Sarah brigamos. Às vezes até tinha a sensação de que minha mãe sentia ciúmes de eu ter uma namorada. Ela nunca tinha me incomodado tanto como naqueles últimos meses.

Fui para meu quarto e comecei a lembrar. Sempre fui um cara cheio de mordomias e louco por bagunça. Sempre gostei de agitação e de irresponsabilidade. Um cara despreocupado com tudo, que não se interessava por nada sério, que vivia às custas dos pais. Só que de repente, em um dia sem graça, em que estava com meus pensamentos totalmente fora do normal, encontrei uma menina. É claramente evidente que ela não era a única menina que existia naquele colégio, mas alguma coisa em mim passou a mudar. Ela era diferente. Parecia não se importar nem um pouco comigo, mas não consegui tirar os olhos dela, e para piorar esbarrei com ela e não tive coragem de, no primeiro dia, falar tudo o que eu pensei e senti na hora. Depois fui me aproximando cada vez mais, encontrando algum jeito de ficar junto dela, e fui conhecendo quem era aquela esquisita de verdade. Quem olhava para ela só dizia que era só mais uma adolescente perdida na vida. Quando olhei para ela vi mais que uma adolescente perdida, vi alguém que parecia estar à espera de companhia. Pensei que poderia ser uma ótima companhia para ela, e conquistar um espaço no coração daquela garota surtada não foi nem um pouco fácil. Senti-me vitorioso por ter conseguido ser seu namorado. Me senti vitorioso por ter conseguido fazer com que ela deixasse um pouco de ódio sumir.

Aguentar uma garota que mudava de humor rapidamente, que enlouquecia quando enxergava as pessoas reunidas, que pirava quando não estava bem não era fácil. Eu aguentei porque a amava mais do que tudo. Acho que a aguentei porque também tinha um lado louco em mim. E tirando os surtinhos de todos os dias, ela conseguia ser a melhor garota do mundo. Ela era alguém que não vivia só de aparência, usava maquiagens fortes e roupas escuras, mas por atrás daquele rosto pintado tinha uma garota sensível, que tentava aguentar as pressões que a vida e as pessoas criavam ao redor dela.

Acredito eu que boa parte da personalidade dela era desconhecida por todos. Eu via em seus olhos o contrário do que sua boca falava. Ela parecia querer a ajuda de alguém, se esforçava sempre para não chorar na frente dos outros, mas muitas vezes não conseguia. Eu fui um dos poucos a conhecer todas as qualidades de Sarah. Ela era o tipo de garota impossível de conhecer facilmente. Teve coisas sobre ela que só descobri depois de um bom tempo que estávamos juntos.

Tem coisas que sempre serão lembradas, como o jeito que ela falava, sentia e agia, tão dela... Lembro que prometi que iria cuidá-la apesar dela nunca levar tão a sério quando prometia alguma coisa assim. Quando tentava convencê-la de sairmos juntos com meus amigos ela dizia:

- Depois não reclama se te trocar por algum deles.

Eu sabia que apesar do sarcasmo ela era bonita, e não seria muito difícil me trocar por algum deles. Eu tinha muito ciúme. Depois de começar a lembrar de nossa discussão e de seu comportamento, não me conformei com o que disse. Eu não aguentava mais ter que fingir que nada aconteceu.

No dia seguinte fui para o colégio com vontade de sumir. De inicio já havia notado que Sarah não estava lá. Ela nunca tinha faltado. Alguma coisa estava estranha por lá. Eu estava com uma sensação muito estranha. Sentia um aperto enorme no coração e tenho certeza que não sentia isso por nada. Fiquei com medo que Sarah tivesse feito alguma coisa errada. Sabia que sempre que não estava por perto ela se desestruturava toda. Eu fui um tipo de apoio para ela, acho que mais que namorado fui um tipo de terapeuta, psicólogo, professor... Não pelo fato de inteligência, mas pelo fato de ter paciência e passar tranquilidade a ela. Quando ela gritava comigo, eu ainda assim conseguia ser calmo e falar para ela se acalmar. Também não sei se fazia demais por ela.

Acho que quando nós amamos não nos limitamos a nada, somos capazes de cegarmos a nós mesmos.

Quando voltei do colégio nem pensei duas vezes e corri para a casa de Sarah. Meus amigos pediram que eu desse um tempo. Não me contentei. Já tinha dado tempo demais para ela. Eu corri sem pensar duas vezes. Só queria pedir desculpas. Bati na porta e a mãe de Sarah abriu.

- Olá, senhora Megan, eu gostaria de falar com a Sarah.

- Olá, Brian, como está?

- Estou bem, só quero conversar com a sua filha.

- Desculpe, mas acho que ela não quer conversar contigo.

- Não me impeça de conversar com ela, por favor! - implorei.

- Não estou impedindo você de nada, Brian, só estou te dizendo que ela não quer conversar você.

- Não é querer ser mal-educado, mas, onde ela está?

- Ela está no quarto e não quer falar com você.

- Está bem, vou entrar mesmo assim - insisti.

Eu pedi licença à senhora Megan e entrei na residência. A porta do quarto de Sarah estava trancada, então bati várias vezes. Ela fingiu não dar a mínima importância e eu resisti.

- Sarah, sei que você está me ouvindo... Abra a porta!

- Me obriga - desafiou ela.

- É sério, me desculpa por ontem. Eu estava errado, fui grosseiro com você, me perdoa.

- Me dê motivos convincentes para isso.

- Eu te amo.

- Eu disse motivos convincentes - resistiu ela.

- Já que você insiste, quero te dizer que estou me sentindo mal desde o momento em que brigamos ontem; não consigo pensar em nada além de você. Só me preocupo contigo e sei que falhei, só quero que por alguma razão tente me entender também... Por favor, abra a porta.

Por alguns minutos nós dois silenciamos e ela abriu. Olhei para ela e ela estava sem maquiagem. Seus olhos estavam inchados e a roupa toda desarrumada.

- Não acredito que deixei isso acontecer com você - falei.

Abracei-a com vontade de nunca mais largar, implorei para que voltasse, e depois de tanto chorarmos ela aceitou.

- Você ficou sabendo que meus pais se separaram, Brian?

- Não, não sabia? - respondi, surpreso.

- Você sabia que minha mãe está grávida de outro homem? E que meu pai foi embora?

- Não fiquei sabendo.

- Você sabia que minha mãe quer mudar de cidade também e está pouco se importando comigo?

- Você não pode ir - falei.

- Estou perdida, totalmente perdida.

- Não mais, meu amor. Sempre estarei ao teu lado.

- Posso te confessar uma coisa? Eu ultimamente não estou sabendo o que é vida, eu não entendo mais nada. Parece que agora todos estão contra mim, e se não bastasse agora meu pai foi embora. Eu aguento demais, eu acho que se não aguentasse poderia ter feito algo pior do que cortes na pele. Depois ainda me perguntam por que sou surtada assim, eu não fiquei assim sem motivo... Quando acontecem coisas que nos magoam, isso não fere somente nossos sentimentos, fere também nossa alma. Eu não desisti ainda de nada por ainda ter esperança que consiga garantir algum futuro. Cansei de procurar alguém para tapar minhas dores, cansei de procurar alguém que possa me entender, cansei de tudo. E se estou no estado que estou, agradeço às pessoas, agradeço àqueles que não percebem o quanto machucam com suas palavras. E eu tento fingir que está tudo bem sendo essa garota que finge muito bem. Na realidade estou péssima. Queria voltar à minha infância, onde tudo era mais fácil, onde tudo era motivo para sorrir. Queria fechar os olhos e quando os abrisse tudo tivesse mudado. Como queria que isso tudo fosse só um sonho ruim... O pior de tudo é saber que só não é sonho. Eu posso ter reclamado demais, ter errado muito e ter teimado também, só que não sou assim, não era para eu ser assim. Não sei se você me entende, mas também nem faço questão que entenda, nunca fiz. Já fui uma garotinha feliz, mas alguma coisa me mudou. O fato é que tudo mudou e eu estou tentando me recuperar.

Quando ela terminou de falar, não consegui pensar em mais nada a não ser confortá-la.

- Eu vou te ajudar, sempre te ajudarei. Você não está sozinha, estou contigo e sempre estarei. Se pudesse passar por tudo isso em seu lugar eu passava. Já que não posso inverter os papéis, aceita ficar comigo... Daqui para a frente vamos resolver tudo juntos, não choraremos por nada a não ser de alegria. Não prometo mudar meu jeito porque você sabe que não consigo, só prometo me adaptar em tudo o que precisar para ficar do teu lado.

Eu estava me sentindo melhor agora, mesmo sabendo de tudo aquilo tinha recuperado Sarah para mim. Aquilo tudo que sentia de vazio estava agora completo, só precisava dela. Disso tenho certeza.

Cheguei em casa animado, pronto para compor novamente.

Agora já sei o que faltou pra mim
Só ter você já me fez tão feliz
Essa noite não vou mais chorar
Sei que tenho a menina certa para amar...

Parei por um instante e chamei Sarah para me ajudar a compor. Escrevi esses versos acima e ela compôs o restante.

Terminamos a música e descobri que ela sabia escrever e cantar muito bem. Entreguei a letra para meu irmão e ele ficou feliz por nós estarmos juntos novamente e pediu que cantássemos para ele ver como ficaria a melodia com a nossa vós. Eu não acreditei: Sarah cantava também. Perguntei a ela onde tinha aprendido a cantar, e ela me respondeu que quando criança cantava em um coral.

Estávamos melhores agora, tanto eu quanto ela. Tudo era motivo para darmos risadas. Em menos de uma semana seria nossa formatura do colegial. Sabia muito bem que Sarah não gostava de se arrumar tanto para eventos, então também não insisti para que corresse atrás de roupas para o dia da formatura. Impressionei-me quando ela me convidou para ir com ela escolher a roupa. E fomos atrás de uma com que ela se identificasse melhor. Fomos a várias lojas e nada servia. Ela acabou escolhendo um vestido preto sem muitas frescuras. Parecia que era o único de todas as lojas que fomos que ela tinha gostado e ficou muito bonito para ela. Eu não gostava muito das manias que ela tinha de estar sempre com roupas escuras, mas ela tinha bom gosto nas peças que escolhia, então nunca compliquei por causa das roupas dela. Depois fomos atrás do que eu iria vestir no dia da formatura. Eu era muito largadão também, então pedi para minha mãe me ajudar.

Minha mãe mandou fazer um terno discreto e caro com um de seus amigos estilistas. Eu parecia ser bem mais velho com aquele terno, mas fiquei quieto. Não saberia me vestir mesmo... Quando o terno ficou pronto chamei Sarah para perguntar o que ela achava. Ela riu.

- Você vai mesmo com isso?
- É claro que sim. Você gostou?
- Detestei. Nada contra sua mãe mas, por favor, né?
- É sério que não está legal?
- Você já me viu mentir alguma vez? - desafiou Sarah.

Não queria desapontar minha mãe e Sarah não estava nem aí para a maneira como eu me vestiria para ir à formatura. Ela só deu a sua opinião sobre aquele terno. Eu também não tinha gostado, só que estava buscando alguma possibilidade de achar qualidades naquela roupa. E sinceramente não achei. Eu era magro, aquela roupa estava desconfortável para mim. Acho que nem minha mãe gostou de como eu fiquei com aquilo, só que ela sabia mentir muito bem.

- Nossa, filho, como você está lindo! - disse ela.

Sarah, vendo a falsidade da minha mãe, só segurava o riso. E eu agradecia. Eu não levava jeito para ficar usando terno, eu nem sabia como parecer alguém correto. Quando era menor minha mãe tentou me colocar em aulas de etiqueta e ela sonhava que eu me tornasse um galã de novela. Acho que desde sempre ela percebia o quando eu detestava aquilo. Nunca demonstrei interesse por aquelas aulas, muito menos em ser do tipo correto. Meu pai, apesar de ser um homem cheio de classe, nunca me enxergou como se fosse o orgulho da família. Eu era o tipo errado e sentia aquilo sempre que ele fazia algum comentário do tipo "Quando que você vai crescer?" ou "Acho que Brian foi trocado na maternidade"... Levei tudo sempre na brincadeira, até por que se levasse tudo a sério seria o cara mais melancólico da família. Apesar de não se orgulharem tanto assim de mim eles investiam o máximo que podiam para que eu tivesse um bom futuro e me tornasse um homem como meu pai. Eu enlouquecia quando começavam a falar de negócios sobre empresas e finanças. Para ser sincero, não gostava daquilo.

Finalmente havia chegado o dia da formatura. Nos arrumamos e vi que Sarah se preparava para pegar seus fones.

- Não, hoje não! - falei imediatamente.

- O que tem eu levar os fones? - perguntou ela.

- Você não precisa deles? - respondi.

- Preciso sim.

- Iremos a uma festa, Sarah.

- Mais um motivo para levá-los - insistiu a menina.

- É sério isso?

- Muito sério. Não saio sem eles.

- Então está bem. Me chama quando estiver pronta.

- Brian, eu já estou pronta.

- Não, você está brincando, só pode - falei, indignado.

- Estou com cara de estar brincando?

- E aquela roupa que fomos juntos comprar ? Pensei que era para hoje.

- Era sim. Mudei de ideia. Essa aqui é bem mais confortável. Não posso mudar de ideia?

- Eu quero que você coloque aquele vestido - insisti.

- É sério que você vai complicar por causa disso?

- Muito sério.

- Está bem, então... Não irei mais.

- Sarah, é nossa formatura! Todos os terceiros anos estão lá.

- E daí?

- Está bem, vá como você quiser - me rendi.

Eu estava muito furioso com ela, mas não tinha como mudar o jeito que ela pensava. Tínhamos nos preparado tanto para aquele dia e ela mudou de ideia. Procuramos em várias lojas o vestido que ela queria para o dia da formatura e no dia ela não quis mais. Estava estressado, mas fingi que não me importava. Ela estava me enlouquecendo com aqueles comportamentos, tinha que ser tudo do jeito dela, sempre do jeito dela .Ela não estava feia com a roupa que escolheu, só não gostei da atitude dela. Como se não se importasse em me agradar, e acho que ela não se importava mesmo.

A festa de formatura até que foi legal, não fosse Sarah ficar o tempo todo sentada, só observando... E se ao invés de Sarah ficar sentada ela participasse da festa acho que não tinha nada do que reclamar. No final da festa perguntei se ela tinha gostado e ela só me respondeu que sim. Tinha que ter muita paciência com ela; eu chegava ao me extremo. Tinha vezes que não entendia de jeito nenhum o porquê dela ser daquele jeito, tão antissocial... Fiquei indignado porque era para ser uma festa marcante para nós dois, mas marcou mais o fato dela passar a noite toda lá sentada, observando, do que eu ficar o tempo todo insistindo para ela se misturar. Meus amigos me perguntavam por que eu não largava ou desistia dela e eu respondia que não conseguia. Não era drama nem nada, só achava que não devia satisfações a respeito de mim e de Sarah para ninguém. Naquela noite eu fui com aquele terno que minha mãe havia escolhido para mim e não sei se o complexo era meu ou estava mesmo ridículo com aquilo, só lembro que entrei no salão e as pessoas me olhavam com caras de me acharem de mau gosto, ou aquilo estava feio mesmo... Na emoção do momento, nem me importei com o que pensavam. Já estava comemorando o término do colegial, tinha mesmo é que aproveitar a noite e gritar de alegria.

Agora eu não ia mais me estressar em acordar cedo toda manhã, nem com os outros estudantes da escola. Eu simplesmente estava livre para seguir a vida e se estavam zoando de mim eu não me importaria. Nem veria o rosto da maioria deles depois daquela noite, pelo menos foi isso o que eu pensei quando entrei no salão. Meu irmão se apresentou com a banda dele e do nada minha mãe também apareceu na festa. Não sei por que fiquei surpreso, se já sabia que minha mãe era do tipo de mãe que adorava participar das vidas dos filhos... Ela às vezes até me assustava quando queria parecer mais jovem do que realmente era, e toda a galera gostava do jeito que ela animava a festa. Meu irmão sentiu mais vergonha que eu quando estava lá no palco tocando com a banda e minha mãe na frente, fazendo bagunça e gritando para ele. Todos já sabiam que ela era minha mãe, mas não sabiam que era mãe do vocalista da banda. Meu irmão se envergonhou todo na frente dela e até deu umas erradas em alguns trechos de suas músicas, depois entrou no clima da festa e também não se importou mais com nada.

Eu e Sarah, por incrível que pareça, saímos da festa antes que minha mãe, e somente pela manhã minha mãe apareceu em casa. Eu sei que não tinha que ficar bisbilhotando a vida de ninguém, mas meu pai não ia gostar nem um pouco de saber que minha mãe madrugou em uma festa, mesmo que fosse de formatura ele sabia como ela era descontrolada.

Encontramo-nos no café da manhã. Minha mãe estava com uma cara de sono e com uma enxaqueca enorme, e eu já imaginava por que.

- Como estava a festa ontem, mãe? - puxei assunto.
- Estava ótima, meu filho.
- Percebo.

Sarah olhou para mim e perguntou:

- O que sua mãe tem?

- Nada não, meu amor, ela só soube aproveitar a festa - respondi.

- Essa festa devia estar bem legal mesmo - disse Sarah.

- Sarah, você não gostou? - perguntou minha mãe.

- É, estava engraçado observar o Brian dançando.

- Quer dizer que você passou toda a festa me observando?

- Não se preocupe, amor, não observei só você.

Meu irmão ia chegando também para o café e estava com uma cara parecida com a da minha mãe; os dois haviam madrugado na festa. Minha mãe perguntou se queríamos mais alguma mistura para acompanhar nosso café. Agradecemos e meu irmão se acomodou ao nosso lado.

- Bom dia mãe, bom dia Brian, bom dia Sarah.

- Filho, você está bem? - perguntou mamãe.

- Estou. Não está vendo minha cara de animação? Melhor não poderia estar - ironizou meu irmão.

Nos olhamos e começamos a rir da cara dele. Ele estava mesmo muito cansado da festa, e para animá-lo ainda mais tive que soltar uma piadinha.

- E aí, mano. você viu que a mamãe estava na festa também?

Meu irmão, com olhar de sarcasmo, me respondeu:

- Ah, sério? Nem percebi.

- Como não filho? Eu até assobiei para ti enquanto se apresentava - disse a mamãe.

- Sim, sim, mãe. Agora estou lembrado - disse meu irmão, meio sem jeito.

Foi um momento meio em que todos nós calamos

e me segurei para não rir da situação. Olhei para o meu irmão novamente e falei que a mamãe tinha chegado pela manhã em casa e que estava com uma enxaqueca enorme por causa da festa. Ele me disse que havia acordado quando minha mãe estacionou o carro na garagem e que depois não tinha conseguido dormir direito. Eu acho que era o único que havia acordado animado naquele dia. De alguma forma, tive que agradecer a Sarah por não ter participado da festa e por nós termos ido embora mais cedo. Assim, não acordei resmungando, reclamando e de mau humor. Muito pelo contrário, naquele dia eu estava disposto a fazer de tudo. Tomamos o café da manhã e levei Sarah até a casa dela, apesar de ela não estar nem um pouco interessada em ir até lá. Achei melhor irmos ver como estavam a mãe e o irmão dela. Acabamos passando a tarde junto à mão dela, que estava tão de bom humor que nem me importei com o humor de Sarah. Levamos o irmão dela ao parque e fizemos um piquenique com eles. Foi uma tarde muito boa.

Parece que daquele dia em diante tudo começou a clarear para nós dois. Sarah não precisou mudar de cidade, pois o novo marido da mãe dela aceitou ficar na mesma casa em que já moravam e eu fiquei cada vez mais contente por todos.

- Sarah, vamos viajar? - propus.

- Brian, nós não somos tão responsáveis assim para sair por aí sozinhos...

- Não estaremos sozinhos. Eu estarei com você e você comigo.

- Então estaremos sozinhos - insistiu ela.

- Nossa, você nunca concorda com o que eu quero - respondi, desanimado.

- Decerto por que você é sem noção...

- Eu só pensei em passarmos nossas primeiras férias juntos longe daqui.

- Qual é o teu problema?

- Agora é eu que tenho problema?

- E pra onde você pretende ir?

- Estava selecionando alguns lugares que têm piscinas e muito sol para aproveitarmos bem.

- Você não está pensando que vou me divertir indo em lugares com piscinas e bastante sol, não é mesmo? - perguntou Sarah.

- Achei que gostasse, Sarah...

- Ah, sim, sim... Não é que eu não goste, é que eu pensei em alguma coisa mais divertida para fazermos nas férias.

- E o que você considera divertido, então?

- Para mim, diversão é acampar.

- Sarah, você já acampou alguma vez?

- Para ser bem sincera, não. Só acho que acampar deve ser mais divertido do que se torrar no sol e se molhar.

- Ainda prefiro a minha ideia de viajarmos - insisti.

- Você só pode estar maluco. Esqueceu que minha mãe está grávida? Mesmo que ela não se importe, se eu viajar ou não eu me preocupo com ela. É minha mãe e eu irei cuidar dela e do meu irmão até o bebê nascer.

- Nossa, nem te reconheci agora - falei.

- Exagerado...

Eu tive que concordar com ela. Entendi a situação. Se estivesse no lugar dela faria a mesma coisa.

- Está bem, então vamos acampar - eu disse.

- Falou sério?

- É claro! Se é para o bem de sua mãe ficamos aqui e acampamos em algum lugar aqui na cidade mesmo.

- Obrigado por me entender - disse Sarah.

- De nada. Agora pode dizer que tem o melhor namorado do mundo - brinquei.

- Está bem, eu tenho o melhor namorado do mundo.

- Agora prometa que vai ser mais querida com ele, porque ele merece.

- Isso não posso prometer.

- É claro que pode. Por quê não? - perguntei.

- Porque você não merece. E aliás, ainda não esqueci da líder de torcida tá?

- Sarah, nós nem estávamos namorando ainda.

- Não quero discutir com você, Brian.

- Você não tem o que discutir comigo.

- Pode ter certeza que tenho argumentos suficientes para começar uma discussão.

- Não quero ter certeza de nada.

- Ainda bem.

- O que foi? - perguntei, surpreso.

- Nada não, só me passou um flash na cabeça, mas esquece...

- Sarah, você está bem? - insisti.

- Estou ótima.

- Estou ficando preocupado com esses flashes em sua cabeça.

- Já falei que não é nada.

- Espero mesmo.

- Não começa com o drama - disse ela.

- Que drama? Só estou preocupado - falei.

Passamos as férias ali mesmo na cidade. Foram duas semanas em um acampamento a alguns quilômetros de minha casa. É, realmente era estranho dormir em meio a insetos e acordar todo picado. De tanto Sarah insistir, acabamos optando por todas as manhãs acordarmos cedo e fazermos trilha. Não conhecia a experiência de viver na simplicidade e sentir a natureza cada vez mais presente na minha vida. Eu acho que devia ser um pouco doentio da minha parte evitar contato com qualquer tipo de terra.

Em boa parte dessas minhas manias não era eu o culpado, inclusive quando eu era bem pequeno gostava de passear com meu avô em meio às plantações das quais ele era dono, mas minha mãe tinha um certo receio de que eu pudesse pegar algum tipo de virose ou me contagiasse por estar ao ar livre junto à natureza e às bactérias. Não sei direito por que minha mãe era toda cheia de manias comigo; ela nunca me deixou andar de pés descalços na terra ou brincar com as crianças da vizinhança. Meus amigos de infância eram escolhidos por ela e tinham que todos estar bem arrumadinhos e ser filhos de pessoas com um bom poder aquisitivo. Eu pouco me importava como as crianças eram, eu tinha apenas a vontade de brincar, bagunçar e me sujar, mas vontade não durava muito tempo. Eu ia na casa das crianças e eram todas completamente sem graça. Enquanto eu tentava bagunçar, brincar de lutinha ou algo assim, como todos os meninos faziam, os de quem eu frequentava as casas não sabiam fazer nada que não tivesse que utilizar a grana de seus pais para pagar.

Lembro que uma vez fui na casa de um menino, que acredito que fosse primo. Ele tinha um ano de diferença de idade com relação a mim, e cheguei lá todo ajeitadinho. Convidei-o para irmos para seu terreno, pois eu queria brincar de corrida e ele me disse que corrida não era coisa que garotos da nossa idade faziam. Me levou até sua sala de brinquedos e passamos a tarde admirando a coleção de bonecos robôs que ele tinha ganhado. Não sei o que tinha de especial naqueles bonecos, mas aquela criança se emocionava só de olhar para eles. Eu não via a hora da minha mãe chegar e me levar para casa. Não sei se ele em algum momento percebeu que eu não estava gostando nada daqueles brinquedos, mas o menino me alcançava os bonecos e me dizia as funções de cada um. Eu só virava os olhos pensando em alguma maneira de fugir dali. Depois daquele dia, minha mãe perguntava se eu queria ir até a casa do meu primo para brincar com ele, e eu dizia que não estava com vontade de sair de casa. Na verdade eu estava, mas não queria ter que passar mais uma tarde observando bonecos robôs e aguentar aquele menino que conseguia ser mais irritante que eu.

Não sei, mas aquela criança conseguia me deixar um pouco constrangido, calado, assustado. Acho que era por isso que ele gostava de mim, porque só o escutava e nem falava nada. Naquela tarde voltei para casa todo quietinho, minha mãe perguntou como tinha sido a tarde e respondi que tinha aprendido a diferenciar bonecos robôs. Não cheguei a comentar com ela sobre a ideia que tive da corrida. Ela também diria que garotos como eu não tinham que ficar correndo, então me acomodei. Ela era de falar bastante, principalmente quando não passávamos a tarde juntos. Eu não sabia agora como fugir de tantas perguntas que ela me fazia. Para amenizar a sensação de que não estava prestando atenção nela eu simplesmente respondia "sim" ou mexia a cabeça sinalizando se concordava ou não com o que ela dizia.

E chegou nossa primeira noite juntos no acampamento. O momento de irmos dormir teve seus conflitos:

- Sarah, tem um bicho aqui? - perguntei.

- Brian, é só um besouro.

- Sarah, me ajuda...

- O que você quer que eu faça converse com ele e peça para ele sair? - perguntou ela.

- Não brinca com isso, é sério, tira ele daqui - pedi.

- Tadinho do bichinho, Brian, ele não tem culpa de ter nascido um besouro.

- Nossa, que engraçadinha...

- É sério, agora me deixa dormir - ela disse.

- Eu vou gritar - ameacei.

- Se quiser gritar, grita, mas não sei se vai adiantar.

- Me ajuda, ele está subindo no meu braço!

- Eu quero dormir - insistiu ela.

- Eu também quero - falei.

- Faz assim, finge que eu não estou aqui - ela propôs.

- Sarah, o besouro!

- O que foi agora?

- Tira ele.

- Pronto. Agora, dorme.

- Já disse que te amo? - perguntei, tentando melhorar o clima entre nós.

- Já, sim, Brian... Várias vezes.

- Sarah...

- O que é agora?

- Nada, não.

- Boa noite - encerrou ela.

Eu também não tinha culpa por ter medo de inseto... Minha mãe sempre disse para eu ficar longe deles. Eu não queria ser tão medroso assim, mas o que achei mais esquisito ainda é que a única coisa de que não tive medo foi de me apaixonar por Sarah. Era um cara cheio de mimos e frescuras, e ela não tinha nenhum mimo nem frescura, só uma mania chata de achar que o mundo todo era contra ela. Só acho que, por alguma ironia da vida, fomos colocados um para o outro. Talvez fosse essa a ideia: aprendermos a conviver com as diferenças e ao mesmo tempo nos completarmos com ela.

Ao chegarmos ao acampamento dei falta de uma coisa: meu violão. É claro que Sarah não concordaria em voltarmos para pegá-lo, então me conformei com a situação. Depois das duas semanas lá, passamos mais tempo com a mãe de Sarah do que com a minha família. Fizemos algumas mudanças na casa em que elas moravam, mas no quarto de Sarah ela preferiu não mudar nada. E tudo estava sendo resolvido, mesmo que nem sempre conforme esperávamos. As coisas parece que estavam sendo encaminhadas.

Logo que começaram as férias novos moradores chegaram na casa ao lado da casa de Sarah. Eram dois irmãos que desembarcavam do carro junto com uma mulher e um homem. A família era bem simpática e os irmãos eram um pouco mais velhos que eu. De início me assustei com eles, não pela aparência, porque eram bem ajeitados: um tinha cabelo castanho e olhos claros e outro tinha cabelo mais claro e olhos castanhos Eram altos e tinham bom gosto para roupas. Pareciam atores de cinema. Porém, me assustei pelo modo como eles queriam conhecer toda a vizinhança depressa, e acabei conhecendo-os quando fui buscar Sarah em casa e eles chegaram junto a mim. Me cumprimentaram, se apresentaram e depois fizeram o mesmo com Sarah. Além dos caras serem ajeitados, eram engraçados.

- Olá, eu sou o Beto e ele é o Raul. Somos novos na cidade e precisamos fazer novas amizades... Que lindo casal vocês, hein! Hoje minha mãe vai fazer nossa janta, se vocês estiverem desocupados gostaríamos que jantassem conosco - propôs um deles.

Eu vi o jeito que Beto olhava para Sarah e não gostei nem um pouquinho.

- É muita gentileza nos convidarem, gostaria mesmo de ir, mas é que Sarah e eu já temos outros planos para hoje à noite.

Beto era o mais velho, devia ter uns vinte anos. Era o de olho claro, bonitão, e vendo que Sarah ficou chateada comigo, não insistiu.

- É uma pena mesmo... Então combinamos outra hora. Afinal de contas, agora somos vizinhos - finalizou Beto.

- Brian, nós podemos mudar o dia de nosso compromisso. Não é tão importante assim, não acha que seria melhor jantarmos com eles hoje, já que é uma janta especial? - perguntou Sarah.

Ela olhou para mim quase implorando para que eu aceitasse o convite dos irmãos. Olhei para ela quase querendo discordar. E olhei para os irmãos. Vendo que esperavam por uma resposta, então também concordei.

- Ainda esta de pé o convite? - perguntei a eles.

- É claro que está - disse Beto.

- Então iremos - falei.

Os irmãos nos abraçaram e agradeceram por aceitarmos o convite. Eles eram caras totalmente sentimentais. A discussão minha e de Sarah começou depois que eles foram para casa. Eu não estava com ciúmes, mas havíamos combinado uma coisa e só foi eles nos convidarem para uma janta que ela nem pensou duas vezes antes de aceitar. Me surpreendi de primeira. Justo ela, que se dizia ser tão antissocial, aceitou o convite...

Meus nervos iam à flor da pele quando notava alguma diferença intencional provocativa em Sarah. Eu sei que ela fazia tudo aquilo de propósito. Ela aproveitava todas as oportunidades que tinha para me ver irritado com ela.

Depois que os irmãos foram para casa ela fez questão de os chamar de volta para agradecer pelo convite e perguntar que horas nós deveríamos chegar. Eles voltaram e Beto avisou que a hora que quiséssemos poderíamos ir, mas que a janta ficaria pronta pouco depois da novela. Novamente Sarah se despediu deles, e o pior é que eram vizinhos e poderiam se ver mais tempo do que eu e ela. Estava tentando me manter calmo, mas desde que começamos a namorar, paciência e tranquilidade eram coisas que eu praticamente desconhecia. Sim, a culpa era toda dela, que conseguia me deixar maluco.

Ao chegar o horário da janta, fomos imediatamente até a residência dos irmãos. A casa era enorme. Pediram para que não reparássemos a bagunça porque ainda não tinham conseguido arrumar todas as coisas da mudança. Subimos algumas escadas e encontramos a mãe dos rapazes na cozinha. Ela já era uma senhora de idade, muito querida, e nos pediu que esperássemos só mais alguns minutinhos que a janta já estaria pronta. De início reparamos porque Beto e Raul eram tão bem educados e simpáticos: a senhora mães deles estabelecia regras e limites aos filhos e não importava o tamanho e a idade que tinham, ela dava ordens e eles a obedeciam. Enquanto Beto picava a salsinha, Raul arrumava a mesa e colocava os pratos, talheres e auxiliava a mãe nas panelas. Poucos minutos passaram e a janta já estava pronta. Sentamos todos para jantarmos, a senhora pediu que nos déssemos as mãos e orássemos antes da refeição. Não era de nosso costume agradecer antes das refeições, mas mesmo assim juntos fechamos nossos olhos e agradecemos. Depois degustamos das saborosas comidas que provamos naquela noite. Confesso que não me arrependi de jantar junto àquela família. A mãe dos rapazes sabia mesmo cozinhar perfeitamente. Depois da janta Beto foi até sua geladeira e buscou uma sobremesa deliciosa que ele mesmo havia feito. Passamos horas na casa deles até que a mãe de Sarah ligou pedindo que fôssemos para casa. Os irmãos agradeceram novamente e depois se dirigiram até a pia da cozinha, onde um lavou toda a louça e o outro enxugou. Não fui para casa naquela noite. Preferi passar na casa de Sarah e tive que ouvir alguns comentários do tipo "como esses irmãos são apaixonáveis", "Brian, você poderia pedir para o Beto te ensinar a receita daquela sobremesa", "valeu à pena cancelar nosso compromisso", " eles são maravilhosos".

Tirando os comentários desnecessários, a janta estava ótima, e apesar de Sarah ficar mais tempo escutando o que Beto dizia do que comigo, parece que nos divertimos juntos. Eu ria das piadas que Raul contava e Sarah ria de qualquer coisa que Beto dizia. E para aquela noite terminar bem, Sarah agradeceu por eu ter aceitado ir à janta com ela e até me elogiou. Nunca tinha visto ela tão feliz como naquela noite. Ela nem parecia ser a garota que eu namorava. Minha sogra também perguntou como tinha sido a janta. Não abri a boca, e nem precisei. Sarah contou tudo; estava cansado e fui deitar. Antes, desejei boa noite às duas. Vi o marido da mãe de Sarah na sala e também desejei boa noite a ele.

Acordei tarde no dia seguinte, e para a minha surpresa, Sarah já tinha levantado. Lavei meu rosto, me arrumei, preparei meu café e estranhei que Sarah não estava em casa. Minha sogra tinha saído e quando chegou me avisou que sua filha logo chegaria. Perguntei a ela onde estava Sarah, e ela disse que tinha saído com Beto. Eu me afoguei com o pão que estava comendo, tomei meu café mais rápido ainda e não aguentei:

- Como é? Até onde eu sei ainda eu sou o namorado de sua filha, senhora Megan, e você sabe do compromisso sério que tenho com ela. Por que a deixou ir?

- Brian, deixa de ser bobo, simplesmente Sarah acordou mais cedo, olhou pela sua janela e viu Beto saindo de casa, então ela perguntou onde ele iria e ele falou que estava indo fazer algumas compras. Acabou convidando ela para ir junto, e como você conhece sua namorada sabe que ela não perde as oportunidades... Mas não se preocupe. Logo eles voltam - disse ela.

Já sabia de quem Sarah tinha herdado o poder de me irritar. Com toda a certeza, herdou de minha sogra. Ela conseguia me transformar. Agora, Sarah tinha extrapolado os limites, e com certeza eu não estava enganado sobre Beto. Estava tentando ser gentil para tirar a minha namorada de mim. O azar era dele, porque nada faria com que desistisse dela. O único risco que eu correria era dela desistir de mim, mas conhecia bem a garota que ela era. Só eu poderia aguentar todas aquelas manias e entendê-la. Eu pensava isso até perceber que Beto também estava suportando todas as crises de Sarah. Coloquei meu casaco, abri a porta e saí correndo em direção à casa dos irmãos. Raul me atendeu e eu perguntei onde estava seu irmão. Ele me levou onde Sarah e Beto estavam. Gritei chamando Sarah, e ela, me enxergando de longe, me chamou para ir até eles.

- Brian, como passou a noite?

- Ótimo, só estranhei acordar e não te enxergar.

- Ah, desculpe, é que Beto me convidou e não consegui dizer não.

- Ah, bom... Vocês estavam indo aonde? - perguntei.

- Eu fui levar Beto para conhecer os lugares que mais gostamos de ir por aqui.

- Sua mãe me falou que tinham ido fazer compras.

- Ela deve ter se confundido, sabe...

- Entendi. Agora acho que já podemos ir para casa, né Sarah? - falei, tentando torá-la de perto de Beto.

- Sim, está bem, já estamos indo... - disse ela, sem concordar muito comigo.

- Só você. O Beto volta com o irmão dele - adverti.

- Nossa, que mal-educado... - disse Sarah.

- Em casa nós conversamos, e por falar em casa, não iremos para a sua. A mamãe está esperando com um ótimo banquete para nós - falei.

- Aquela mulher é exagerada.

- Ela é minha mãe, você não em direito de falar assim dela!

- Eu acho que ela faz de tudo para o bebezinho dela...

- Não sou o bebezinho dela!

- É, sim! - insistiu ela, finalizando o assunto.

Fomos almoçar com mamãe, e no caminho tive que discutir com Sarah. Não gostei da atitude dela naquela manhã. Parecia até que tinha me trocado por Beto. Não fiz perguntas a respeito do que estavam fazendo, mas minha vontade era de me entender com aquele cara, que só por ser novo no bairro e achava que podia sair com a minha namorada sem sequer pedir minha permissão. E ainda ela me perguntou por que tinha ficado estressado, se sabia que Beto era um cara legal e confiável. Ele não era confiável; não aos meus olhos, e Sarah ficava tão meiguinha perto dele que me irritava. Perguntei para ela por que não me convidou para ir junto e ela disse que não queria me incomodar, questionei o porquê de mostrar os lugares que mais gostamos na cidade para o vizinho, e sinceramente ela não soube me dar uma boa explicação.

Se coloca no meu lugar e pensa: seria muito inconveniente encontrar a sua namorada, a pessoa que você mais ama no mundo, alguém por quem você é mais do que apaixonado, com um carinha bonitão e simpático. Não sei qual seria a sua reação, mas a minha foi me controlar para não avançar no cara. Tem dias em que não estamos muito legais, e para piorar, as pessoas não ajudam nem um pouco a melhorar nosso humor. E naquele dia parecia que estavam fazendo tudo para me incomodar, não era só coisa da minha cabeça. Sei que não era. Eu mesmo reconheço quando estou sendo incômodo, e raramente isso acontecesse, mas se tem uma qualidade boa que herdei da família é esse lance de sacar depressa quando uma pessoa se aproxima de ti por interesse. Não sei se Sarah sabia que Beto estava interessado nela, mas eu sabia, e não era exagero de minha parte atrapalhar o que ele estava pretendendo começar. Eu fui criado junto a pessoas que protegiam o que era delas por direito, e ela era minha e ele sabia disso. É bem estranho mesmo saber que a pessoa pouco se importa com você. Ele estava sendo querido até demais comigo e eu já tinha entendido as intenções dele. Primeiro se aproximava de nós e me trava como melhor amigo, depois conquistava Sarah, e eu começaria a ser deixado de lado por ela, depois ela me trocaria por Beto e os dois ficariam felizes juntos e eu sofrendo, tentando reconquistar Sarah. Então pensei bem: "se ela diz que gosta mesmo de mim, não vai me trocar por um sujeito que nem bem conhece. Ele não vai conseguir o que quer". Bem, eu sabia que pensava muito e agia pouco. Era do tipo "bobo da história", que na hora em que os fatos iam acontecendo ficava lá só para observar. E apesar dos irmãos serem novidade na vizinhança, não faziam mínima diferença para mim. Nada contra eles, é claro, mas não acho que eram diferentes do resto dos rapazes daquela região. Apesar de serem bem ajeitados, acho que tinham os mesmos pensamentos que eu.

No final da tarde fomos para a casa de Sarah e escutei um som de bateria vindo da casa dos irmãos. Perguntei para ela se ela estava escutando e ela me respondeu que não e que era surda, e apesar da risadinha que precedeu a resposta me falou depois que Beto tocava numa banda e Raul também. Eu não queria parecer admirado com o som, mas não consegui segurar. Eles tocavam muito bem. Tentei achar defeito no som dos caras, foi difícil aceitar que eles eram mesmo bons e talentosos. Fiquei perto da casa deles só ouvindo-os. Raul, que estava perto da janela, me viu, acenou e nos convidou para subirmos. Dessa vez aceitei e começamos a trocar ideias de sons. Contei para eles da banda do meu irmão, da minha paixão por música e pediram para que eu fizesse um som com eles. Então Beto me entregou o violão dele e começamos a nos acertar. Foi muito bom para mim saber que alguma coisa nós tínhamos em comum.

- Sarah, por que você não me disse que eles eram músicos?

- Amor, você nunca perguntou.

- Você sabe que isso é do meu interesse. Você podia ter me falado, não podia?

- Podia, mas não quis. Você é o primeiro a criticar os dois.

- Não mistura as coisas.

- Eu não estou misturando nada, só achei melhor deixar assim.

- Assim como? Me escondendo coisas?

- Querido, não escondo nada de ti e você sabe bem disso. Só que quando comento algo sobre eles você já começa com suas paranoias.

- Não são paranoias, Sarah, você sabe que não são.

- Ok, então me explica o porquê de você ficar todo estressado quando falo o nome deles?

- Tá bom, ciúmes... - admiti.

- Não é ciúmes, é paranoia - insistiu ela.

- Então eu paro.

- Promete?

- Sim, prometo.

Estávamos combinados. Eu não reclamaria mais quando ela tocasse no nome dos irmãos e tudo seria perfeitamente harmonioso. Fomos para a casa dela e eu não consegui parar de falar da bateria de Beto. Eu sabia que estava irritando, mas pouco me importava. Comecei a falar com o padrasto de Sarah, já que ela tinha ido deitar. Ele também sabia fingir muito bem que estava interessado no assunto, e até trocou ideias comigo. Senhora Megan nos chamou para a janta e fomos. Quando chamamos Sarah ela tinha dormido com os fones de ouvido. Tirei-os e ela brigou comigo, dizendo que tinha atrapalhado o sono dela. Depois de reclamar falou que não estava com fome e não iria jantar. Insisti para que ela nos fizesse companhia, mas não adiantou.

- Está bem, se você prefere ficar aí sozinha do que junto a nós, fique... - falei.

-Então sai - respondeu ela.

- O que aconteceu? - perguntei.

- Só estou cansada, Brian, vai lá jantar.

- Estou preocupado, você não está bem.

- Não fique preocupado, só preciso dormir.

- Está bem.

Não ia insistir na conversa, já que vi como ela estava mal e fui jantar. Minha sogra perguntou por que Sarah não queria jantar e eu não soube responder. Pronto, acho que aqueles surtinhos de garota antissocial tinham voltado...

Jantei e depois voltei até lá para insistir em conversar com ela, mas ela simplesmente me ignorou. Eu não ia ficar sem fazer nada. Arranquei os fones dela como quando o fiz no colégio, e depois lembrei que aquilo tinha deixado Sarah zangada, e tive que ouvir bastante depois daquilo. Ela me olhou mais séria do que nunca e devolvi os fones para ela, pedi desculpas e ela só pediu que eu saísse. É claro que eu não sairia e não seria ela que me obrigaria a fazê-lo. Fiz um acordo com Sarah: eu não abriria a boca para dizer nada se ela deixasse eu ficar ali quietinho, ao lado dela. Não foi difícil fazê-la aceitar. Estava muito romântico naquele dia, quer dizer, ela não quis me escutar, então fiz uma carta para ela, me declarando... Eu sabia que ela não gostava muito desse tipo de frescura, mas eu gostava e tinha certeza que ela leria.

"Entre todas as outras escolhi você. Não precisou muito para me conquistar, acho que foi a minha distração que nos uniu. Sei que não gosta quando exagero escrevendo alguma coisa boba pra ti, mais bobo do que escrevo pra ti sou eu, todo errado, tentando provar o tamanho do amor que tenho por uma garota tão surtada. Eu peço desculpas por ser atrapalhado, ciumento, irritante e por um monte de defeitos que sei que tenho, só que eu não quero ver minha namorada triste. Você sabe que o que mais me dá ânimo para viver todos os dias quando acordo de manhã é saber que te tenho ao meu lado. Não sei explicar mais pra ninguém o que sinto por ti, talvez passou dos limites, eu sei, só que não vivo mais longe da tua presença. Eu juro te amar pra sempre, e independente das tuas grosserias, dos absurdos que às vezes fala, acho que sou o cara mais feliz do mundo por ter você. E como não queria te incomodar e já que pediu pra eu ficar quietinho, então achei melhor escrever o que eu ia dizer. Quero deixar bem claro que ainda vamos nos casar, meus amigos dizem que sou doente, louco, perturbado, acho que sou sim e agradeço por fazer parte dessa minha loucura. Amo você."

Eu às vezes também me achava um pouco exagerado e me incomodava com minha mania de escrever. Eu nunca fui um bom aluno, mas como gostava de escrever músicas eu adotei maneiras carinhosas de me declarar para as pessoas de quem gostava. Se os caras mais próximos de mim me achavam carinhoso demais eu só tinha que concordar com eles. Acho que minha mãe me acostumou assim, e depois, mesmo depois de crescido, eu continuei sendo o mais novo dos filhos, e por isso tinha muitos mimos. O que mais estranhei foi a garota que escolhi para mim, pois era totalmente o oposto do que eu esperava escolher. Acho que na realidade não foi escolha, foi algo muito melhor que isso, distração ou coisa assim. Depois que terminei de escrever, reparei que Sarah já tinha dormido e dormi também. Na manhã seguinte, acordei e reparei que Sarah tinha levantado mais cedo e que a carta que havia escrito não estava mais no lugar que tinha deixado, então provavelmente ela já tinha lido. Levantei, alonguei os braços, deitei de novo, levantei novamente e fui lavar o rosto. Voltei para o quarto e encontrei uma cartinha em cima da cama.

"Que linda sua declaração! Amor da minha vida, saiba que não faço questão de te deixar, até porque é o único capaz de me aguentar sempre. Não se convença tanto por eu ter lido tua carta e gostado, eu só estou retribuindo a gentileza que fez de ficar quietinho quando pedi. Eu sei que você só pode ter perdido alguma parte do cérebro quando nasceu, e por isso diz sempre estar apaixonado por mim. Eu também não entendo muito essa coisa de eu ser parte de sua loucura, mas eu entendo que faço um bom sentido na tua vida e tenho que te confessar que não estou contigo só por estar, mas porque sinceramente é o único que posso ainda dizer que tem um pouco de amor por mim e por quem estou apaixonada. Eu também agradeço por ser o namorado maravilhoso que é, e sim, eu também sou apaixonada por ti. Desculpe os deslizes que tive, mas você sabe que sem você eu me perco toda, e apesar de muitas vezes não saber demonstrar tudo que sinto por você, saiba que é infinito e inexplicável esse sentimento. Agradeço por me aturar."

Sim, Sarah também escreveu uma carta para mim. Ela me surpreendia a cada dia mais, me segurei para não chorar de emoção quando li. Fui procurá-la para agradecer, e para a minha surpresa ela tinha ido na casa dos irmãos. Perguntei à minha sogra o que dessa vez ela tinha ido fazer lá, mas ela não soube me responder. Então respirei fundo e fui até lá. A mãe de Beto e Raul atendeu a porta e me convidou para entrar. Fui ver o que estavam fazendo quando a mãe deles cochichou no meu ouvido que era aniversário de Beto e estavam fazendo uma festa surpresa. Fiquei encolhido no meu canto quando vi Sarah chegar com o bolo na mão. Ela gritou que Beto estava chegando. Gritei o nome dela e ela, me vendo, me acenou e pediu para que ficasse em silêncio. Estávamos em bem poucos lá; o pai dos rapazes tinha voltado de viagem e estava presente também. Contamos 1,2,3 e Beto entrou na casa. Gritamos: surpresa! O cara começou a chorar e, emocionado, foi correndo abraçar seus pais. Eu me senti tão sentimental naquele dia, cheguei quase junto com Beto mas reparei o quanto aquele momento estava sendo importante para a família deles. Fui até Beto e também desejei meu feliz aniversário para ele, depois de todos terem o parabenizado nos dirigimos à mesa de doces e salgados, que estavam deliciosos. Sarah me perguntou como sabia da festa, então contei para ela o que havia acontecido. Depois que saímos de lá começou mais uma discussão nossa. Não queria isso, mas não pude evitar. Afinal, ela tinha ajudado a organizar uma festa surpresa para o Beto e não me avisou.

- Sarah, por que você não me avisou da festa?

- Eu esqueci, desculpa.

- Você não esqueceu!

- Esqueci. Todo mundo esquece das coisas, às vezes...

- Ok, eu te perdoo, mas não acredito - falei.

- Não acredita em mim, Brian?

-Não mais.

- Nossa, obrigada!

- Sarah, não vamos discutir de novo - pedi.

- Já estamos discutindo.

- Então acabou o assunto aqui.

- Eu li o que escreveu pra mim ontem e gostei.

- Eu também li o que escreveu para mim.

- Viu como também sei ser romântica?

- Vi sim, eu quase chorei com aquilo.

- Viu como Beto ficou todo emocionado com nossa presença lá?

- Sim, ele só não precisava chorar na frente de todo mundo.

- Nossa, que insensível! - disse ela.

- Agora vai dizer que também vai chorar e hoje jantaremos com minha mãe.

- Eu não quero.

- Acho que teremos que estabelecer novos acordos entre nós dois, Sarah...

- Também acho. O primeiro é que não haverá discordância quando eu não quiser jantar na sua casa com sua mãe. O segundo é que não haverá teimosia da sua parte quando eu decidir alguma coisa e o terceiro é que precisamos descansar mais do que sair.

Eu sempre perdia a razão mesmo, então nem teimei e também não quis fazer acordo nenhum, só avisei-a que eu ia jantar com minha mãe e que se ela não quisesse não precisava ir. Ela concordou comigo e depois ficamos calados quando sentamos juntos.

Eu bem que suspeitei que alguma coisa estava errada com ela. Fiquei dias observando-a, mas ela nunca quis me contar nada. Eu sentia algo, como se fosse um aviso, não sei... Se isso acontece com todos os casais apaixonados não sei, só sei que sentia cada vez mais alguma coisa que ao mesmo tempo que nos unia nos afastava. Os dias passavam cada vez mais depressa e junto com eles também tudo passava... Já fazia um ano e alguns meses que namorávamos e mesmo com todas as discussões ainda gostávamos muito um do outro. Sabe, quando eu ficava um pouco sozinho eu começava a pensar no tempo. Eu tinha muito medo que o tempo passasse e eu não conseguisse fazer tudo que queria. Sempre tive uma esquisita vontade de parar o tempo só para poder ficar para sempre junto a ela.

No dia em que a mãe de Sarah deu à luz seu terceiro filho, ao invés de comemorar junto à família, Sarah simplesmente se trancou no quarto. Fomos visitar o quarto do hospital em que a senhora Megan estava com o mais novo membro da família. Estávamos todos alegres, exceto ela. As enfermeiras nos mostraram o bebê e ele era realmente lindo.

- Sarah, ele é lindo, não é? - perguntei.

- Esse bebê estragou minha família. Não é meu irmão - disse ela.

Ela saiu da sala correndo e as enfermeiras ficaram olhando para mim como se eu tivesse culpa de alguma coisa que estivesse acontecendo. Elas me perguntaram se estava tudo bem com minha namorada e eu disse que sim, mesmo sabendo que não estava. Para minha tranquilidade, Sarah estava mais calma, na sala de espera do hospital tomando água. Conversei bastante com ela e ela comigo. Disse que eu não poderia mudar o jeito que ela enxergava o mundo, então falei que não ia cansar de tentar fazer ela se alegrar com alguma coisa na vida. Sarah falou que estava só, estava um pouco desanimada com sua família. Me falou que o pai dela não merecia aquilo e que mesmo que ele tenha ido embora, teve motivos para isso, e se ela estivesse no lugar dele faria a mesma coisa. Apesar de não concordar com a forma como ela tratou seu irmãozinho, eu entendia que boa parte do que Sarah pensava ao rejeitar o irmão era por causa da destruição que teve sua família a partir do momento que seu pai descobriu que o filho não era dele. A errada foi a mãe de Sarah, mas ela agia como se o bebê tivesse culpa do ato errado da mãe. Eu tentei explicá-la milhares de vezes que a criança era penas uma criança e que não adiantava tentar evitá-la, pois era seu irmão da mesma forma, e mesmo que não fosse do mesmo pai, fazia parte daquela família. Eu conversei bastante com ela, expliquei o quanto aquela criança não tinha culpa de nada e o quanto cruel estava sendo Sarah a tratar seu irmão daquela maneira. Depois que terminei meu discurso, parece que Sarah esqueceu tudo o que eu disse. Me convidou para irmos almoçar em algum lugar e depois me pediu para irmos para sua casa. Achei aquilo um absurdo. Fomos almoçar no restaurante que ela queria, mas depois voltei para o hospital.

- Brian, o que está fazendo?

- Indo visitar seu irmão e sua mãe, não está vendo?

- Eu pedi para irmos para casa.

- Eu sei, só que achei melhor voltarmos para cá.

Eu estava aprendendo a agir como um homem, a fazer a coisa certa e ensinar a coisa certa a ela. Sarah ficou "de cara" comigo por um tempão e não abriu a boca para dizer uma palavra. Quando fomos para o quarto em que sua mãe estava, perguntei como tinha sido o parto, como ela estava se sentindo e se precisava de alguma coisa. Ela de inicio já percebeu que Sarah não estava muito contente e me pediu para levar sua filha para casa. Falei que Sarah estava bem, só estava um pouco "birrenta". A senhora Megan me falou que a conhecia melhor que qualquer pessoa e sabia que o que estava incomodando Sarah, que era justamente a criança que tinha nascido.

- Olha, senhora, Sarah é uma ótima filha e ótima namorada, eu sei, mas ela terá que aprender que nem tudo vai acontecer e ser como ela quer. Acho que está muito mal acostumada, eu gosto muito de sua filha e por isso não a larguei de mão. O fato de hoje estar aqui não teria que ser incômodo para ela e sim um motivo de alegria. Se isso aconteceu acho que houve uma falha aí desde o início, só que agora precisamos fazer com que ela aceite tudo o que está mudando em relação à família, a mim e a ela. E, querendo ou não, já faço parte dessa família também, e vou fazer de tudo para que estejam todos bem. Você deve pensar que sou imaturo demais para pensar como um homem adulto, mas acho que não. Durante esses quase dois anos com sua filha, cresci muito e já falei que vou ainda me casar com ela - falei.

- Obrigada, querido, por tudo o que está fazendo para ela, eu me sinto grata por saber que apesar de minha filha ser tão complicada alguém aceitou todos os seus defeitos e não desiste dela.

- Eu não desisto e nunca vou desistir, tenha certeza disso. Eu sei que parece bobagem eu falando uma coisa dessa, mas de fato ela também fez com que eu enxergasse a tudo de outra maneira, e eu não era de me preocupar com ninguém, mas depois parece que eu sinto necessidade de cuidar de cada pessoa da mesma maneira que cuido de Sarah. Eu estou beirando os vinte anos e sou tão novo ainda, mas tenha certeza que da sua filha não vou largar. E se precisar de alguma coisa pode contar comigo.

Terminei de conversar com minha sogra e chamei Sarah, que estava sentada ao lado da janela do quarto, pensando longe. Disse para ela ir falar com a mãe dela e ela disse que não estava com vontade, então fui até ela e pedi que fizesse uma vez na vida o que eu estava pedindo. Ela olhou para mim com cara de deboche, mas foi. Ao invés dela pedir para sua mãe como estava, foi ao contrário. Sarah disse que estava tudo bem. Uma das enfermeiras entrou na sala avisando que logo a senhora Megan poderia voltar para casa, mas que o bebê teria que ficar por alguns dias no hospital. Nós todos entramos em pânico e Sarah pediu para ver seu irmão. Fui junto ver a criança, que era muito bonita. Ela perguntou para a enfermeira o que o bebê tinha e a disseram que estava com dificuldade respiratória e que um dos seus pulmões era menor que o outro. Olhei para Sarah, ela olhou para mim e perguntamos se ia ficar tudo bem com o bebê. A doutora disse que sim, mas que ele teria que permanecer mais alguns dias no hospital.

– Ainda você quer ir para casa? Eu bem que disse que sua mãe precisava de ti.

– Vamos lá com minha mãe?

Voltamos para o quarto com minha sogra e o marido dela levou-a então para casa. Conversamos mais um pouco com a doutora e saímos do hospital. Depois da notícia de que o bebê tinha nascido com um pulmão menor que o outro parece que Sarah estava arrependida de tudo o que tinha me falado.

– Brian, será que ele vai ficar bem?

– É claro que vai. Não se preocupe com isso.

– Ele é meu irmão, é minha obrigação me preocupar.

– Você está certa, mas a doutora já disse que ele vai ficar bem.

Ela pensou bastante e depois começou a chorar, e disse que ela estava sendo a pior irmã do mundo. Eu a abracei e falei que não, que não era bem assim, que ela precisava ficar tranquila, respirar bem fundo e pensar que tudo ficaria bem. Ela olhou para mim com medo de que algo desse errado.

– E se não ficar bem? – perguntou ela.

– Amor , vai sim. Ele é forte – tentei tranquilizá-la.

Depois fomos em direção à casa de Sarah e a senhora Megan e seu marido não paravam de pensar na criança. Eles descansaram um pouco e voltaram para o hospital. Cada dia que passavam no hospital voltavam mais cansados. O bebê precisaria de um pulmão ou ele não resistiria mais do que dois meses. Então eu e Sarah começamos a fazer campanhas e rezar para que a doação de um pulmão fosse realizada. O choque foi tão grande que em todas as televisões, rádios e jornais da cidade já estavam sabendo. No dia seguinte tivemos a noticia de que haviam encontrado um doador e estavam todos ansiosos para a cirurgia. Se todos da família estivessem de acordo aconteceria naquele mesmo dia. Eu olhei para Sarah, ela me olhou, corremos em direção à mãe e ao padrasto dela e comemoramos a conquista. A minha sogra vibrava de alegria e fazia com que também vibrássemos, de tão feliz que estava. Em poucos dias ela já poderia ter seu filho em seus braços e voltar para casa tranquila, sem qualquer tipo de medo. Perguntamos aos médicos se eles poderiam nos dizer de quem era o pulmão doado, eles enrolaram bastante para nos dizer e acabaram falando apenas que era de um homem que havia visto a notícia e resolveu salvar a vida da criança. Horas depois de falarmos com o doutor encarregado de realizar a cirurgia, ficamos sabendo que o homem que havia presenteado parte de seu pulmão para o bebê era o pai de Sarah. No momento em que ficamos sabendo disso a família inteira entrou em choque, e minha sogra começou a chorar. Ela disse que estava surpresa com a atitude de seu ex-marido, e quando ela disse isso, Sarah falou:

        - Não estou nem um pouco surpresa com a atitude de meu pai, você mais do que eu conhece ele e sabe que é um homem que gosta de sempre fazer alguma coisa para que não esqueçamos dele. Ele é uma pessoa insubstituível e o que você está sentindo agora, mãe, tenho certeza que é um tipo de arrependimento, mas não quero deixar você se sentindo péssima por isso. Eu e Brian sairemos um pouco daqui.

Saímos da sala e Sarah nem esperou que eu falasse. Insistiu que ficássemos na praça um pouco por que precisava pensar na vida, pelo menos foi isso que ela me falou quando perguntei aonde ela estava indo. Sentei ao lado dela e comecei a pensar. Éramos muito jovens ainda e nem pensava que algum dia teria que me manter sozinho e ser independente. Eu não imaginava viver como um adulto responsável, cheio de compromissos, contas e deveres. Acho que quando somos jovens pouco pensamos nisso, vivemos em um mundo descompromissado, pensamos que fazemos muito e quando menos esperamos alguma coisa diferente acontece em nossa vida e faz com que tenhamos que amadurecer. Nunca sabemos ao certo quando essa hora vai chegar ou quanto tempo ainda nos resta com alguém. Pensamos pouco em construir e fazemos muito sem pensar, vivemos de ilusões e desilusões e mudamos muitas vezes de opiniões, imaginamos tudo mais fácil e fazemos o que nos favorece, queremos nos tornar independentes rapidamente demais, mas quando olhamos ao nosso redor vemos que não somos nada sem nossos responsáveis. Fiquei pensando sobre tanta coisa e fiz tantos planos... Me embaracei tanto tentando entender o que estava fazendo da minha vida, fechei os olhos por um instante, recordei as lembranças de quando ainda era criança e minha mãe me carregava em seus braços, olhei para Sarah e falei:

- Sabe aquele garotinho que eu era há alguns anos atrás, aquele que fazia tudo dependendo das mãos da mãe e que nunca faltou nada pra ele porque seus pais nunca deixaram? Pois bem, ele ainda não cresceu.

- Brian, esse garotinho não cresceu ainda porque

não precisou. Cedo ou tarde a vida vai te mostrar e exigir que você cresça.

Eu nunca fui um cara que parava para pensar sobre a vida, mas comecei a pensar e me assustei. Tinha medo de ter que fazer escolhas e planejar o futuro. A única coisa que eu sabia com certeza é que não poderia a vida toda ser um garotinho sustentado pelos pais. Estava escurecendo, então fomos para casa. Sarah foi deitar e eu fiquei na sala, tentando decidir o que faria dali para a frente em nossas vidas. Sarah faria seus dezenove anos e eu precisava fazer alguma surpresa para ela, mas só não fazia ideia do que fazer, apesar de já namorarmos há quase dois anos, nunca sabia ao certo o que faria ela se contentar de verdade. Ela não era uma garota que pedia muito, na realidade ela nunca pediu nada para mim, mas eu queria fazer alguma coisa que a surpreendesse. Então comecei a pensar em diversas possibilidades de agradá-la e passou pela minha cabeça até pedi-la em casamento, mas era cedo demais. Éramos quase casados, só não morávamos na mesma casa e nem nos sustentávamos.

Ela já tinha dormido e não era tarde, então fui na casa de Raul e Beto pedir sugestão a eles. Eu sabia que eles poderiam me ajudar bastante com isso porque tinham um talento impressionante em agradar as pessoas e um bom gosto com decorações e coisas parecidas. Falei com eles e eles deram a ideia de eu a presentear com um quadro, então pensei que seria um ótimo presente, mas precisaria que fosse uma pintura que chamasse a atenção dela. Pensei bastante na ideia e lembrei que tinha guardado o desenho que Sarah havia feito quando ainda éramos apenas conhecidos e frequentei a casa dela pela primeira vez. Beto falou que ele havia frequentado algumas aulas de pintura em tela e poderia me ajudar com o presente. No dia seguinte levei o desenho para ele, que fez a pintura muito parecida com o desenho original. Agradeci, e apesar de demorar alguns dias para concluir a pintura, tinha ficado muito bonita. No dia do aniversário de Sarah lhe presenteei com um anel e o quadro e acho que ela gostou dos presentes, porque ela me agradeceu e me disse que tinha gostado.

E quando pensei que tudo tinha se ajeitado, começou uma nova discussão entre nós dois. Eu queria começar a dividir mais da minha vida com ela, mas Sarah pouco se importava em dividir a dela comigo. Eu tinha vontade de morar com ela e ela tinha vontade de fugir dali. Eu não sei o que ela fazia comigo que não conseguia mais viver sem ela, e parece que pouco sabia da tamanha importância que ela tinha na minha vida. Sarah não exigia nenhum pouco que eu mudasse alguma coisa em mim, ela nem perguntava se eu me sentia bem ou não. O fato é que ela era a única e ninguém faria eu mudar isso. Fiquei sabendo que meu sogro queria que Sarah fosse passar uns dias com ele na cidade em que ele morava. A senhora Megan e o padrasto de Sarah não queriam que ela fosse, mas Sarah insistiu para que a deixassem.

Meu pai precisava que eu o ajudasse no trabalho, então não poderia acompanhá-la. Faltavam duas semanas para ela viajar, então combinamos de aproveitarmos ao máximo a companhia um do outro naqueles dias e fazermos tudo o que gostávamos de fazer juntos. Parece que as horas passavam mais depressa e que nem tudo que planejávamos conseguiríamos realizar naquelas duas semanas. Em uma segunda-feira, nós passamos o dia no parque com o irmão de Sarah, depois fomos visitar alguns amigos meus e apesar de Sarah não gostar de se misturar com a galera, até que naquele dia ela foi bem espontânea e educada por alguns minutos desconhecia ela, mas logo reparei que fazia aquilo ou para me agradar ou para me irritar. Só sei que desde quando comecei a sair com Sarah aquele foi o primeiro dia em que ela não havia teimado comigo para nada, e até achei que ela estava boazinha demais. Não comentei com ela sobre o que estava achando de seu comportamento, até por que eu estava gostando de vê-la se socializando com os meus antigos e colegas da escola. Parecia que ela estava contente mesmo com a nossa saída, e estava bastante feliz, pois depois de meses, felizmente ia se encontrar com o pai dela. É claro que discutimos ainda depois dela ter recebido o telefonema de seu pai perguntando se ela queria ir passar alguns dias na casa dele. Apesar de eu não ter gostado da ideia, entendia que ela devia estar sentindo bastante a falta dele em sua vida e que seria ótimo a reaproximação dela com o pai dela. Depois lembrei que ainda não havia conversado com ele direito e que nem lembrava da cara de meu sogro. Não que eu não quisesse, mas realmente começamos a namorar justo quando aconteceu tudo aquilo na família e eu me sentia um intruso no meio daquela confusão toda. Parecia que estava fazendo a escolha certa. Enquanto estivesse com ela, o peso na minha consciência era menor. Fiquei imaginando o quanto chato seria os dias longe dela e reparei que Sarah se conformava mais facilmente que qualquer pessoa das coisas, por mais que muitas vezes se revoltava, a revolta dela era passageira. Agora os poucos instantes em que me revoltava eu ficava insuportável.

Como já disse antes, sempre fui muito tranquilo em relação a tudo, mas não aceitava quando o que queria não acontecia como e quando eu queria. Eu me sentia o pior dos piores e me irritava muito e acho que Sarah me testava cada vez mais e fazia com que mudasse a minha explosão de sentimentos ruins por um segundo de tranquilidade. Toda vez que começava a me revoltar com alguma coisa ou pessoa, Sarah ria de mim e fazia com que parasse simplesmente por que ela ria do meu comportamento. Assim, como eu conhecia os surtos que ela tinha com as pessoas, ela reconhecia quando eu estava confuso, indeciso e irritado e por isso nunca se estressou com meus momentos de revolta. Acho que era apenas um bobalhão que não sabia mais o que fazer da vida nem que caminho trilhar. É claro que não seguiria as escolhas que meu pai e minha mãe queriam e de qualquer forma continuaria sendo músico, independentemente do que minha família pensava a respeito. Ao chegarmos em minha casa, Sarah colocou sua mochila no sofá da sala e foi até a cozinha beber um pouco de água. Eu pedi para que ela descansasse um pouco, que eu iria no quarto de minha mãe conversar com ela. Enquanto fui falar com minha mãe, Sarah saiu sem me avisar.

- Mãe, você está melhor hoje? - perguntei à mamãe.

- Estou sim, filho, agradeço sua preocupação. E sua namorada, como está?

- Está ótima. Deixei ela descansando lá na cozinha para eu poder conversar com a senhora.

- Que ótimo. O que fizeram hoje que ela cansou tanto?

- Nos reunimos na casa de uns amigos e gostei de nossa tarde hoje. Tudo foi sensacional.

- Vá lá achar Sarah para conversarmos - propôs ela.

- Está bem - concordei.

Para a minha surpresa, quando cheguei na cozinha ela não estava mais lá. Relaxei um pouco e corri em direção à casa dela; sabia que ela não tinha paciência para me esperar. Suspirei fundo, avisei minha mãe do acontecido e saí a pé procurar Sarah. Quando cheguei na casa dela ela também não tinha chegado em sua casa. Demorei para raciocinar onde ela poderia estar. Perguntei à senhora Megan se ela fazia ideia de onde estava sua filha, e ela me respondeu que não fazia a mínima ideia. Eu já sabia a resposta, mas mesmo assim havia um pingo de esperança que dessa vez talvez pudesse me ajudar a encontrá-la. Não demorou muito e a encontrei em um jardim, brincando com um cachorro a algumas quadras da minha casa. Só a encontrei porque os irmãos Beto e Raul me acompanharam na busca por ela.

- Sarah, o que você está fazendo?

- Não está vendo, Brian? Posso levar ele comigo?

- Por que não me avisou que não iria me esperar?

- Não quis atrapalhar a sua conversa com sua mãe...

- Foi errado o que fez, você está ciente de que deixou todos nós preocupados?

- Não sei por que tanta preocupação da parte de vocês, não sou mais tão criança que não sei direito o que faço e só resolvi dar uma passeada, só isso...

- Legal, você acha que pode sair por aí sem me dar satisfações?

- Para falar bem, na verdade acho sim. Sou livre, querido, faço o que quero da minha vida - disse ela.

- É livre, mas é minha namorada, lembre-se disso.

Ela voltou comigo, mas levou o cachorro junto. Ficou um pouco chateada comigo, mas parece que nem se importou tanto com o acontecido.

- Já pode voltar a falar comigo - falei.

- Eu não quero - respondeu ela.

- Sarah, devolva esse cachorro aonde o encontrou. Você não sabe se ele tem dono ou não.

- Se ele tivesse dono não estaria abandonado perto da lancheria...

- Ele pode ter fugido - insisti.

- E daí, tenho certeza que ele gostou de mim.

- Já que você quer tanto esse cachorro, vamos levá-lo no pet para tomar um banho - propus.

- Não precisa levá-lo ao pet, eu mesmo cuido dele.

- Está bem, também não falo mais nada... - me rendi.

Ela estava dando mais atenção ao cachorro do que a mim, e aquilo estava me incomodando bastante. Nada contra o cachorro, mas ele estava tomando meu lugar. Pelo menos era o que estava parecendo. Chegamos na casa de Sarah, ela nem esperou eu entrar e correu para preparar a água para o banho do cãozinho. Depois preparou uma caminha e ficou sentada ao lado do cachorro até ele dormir. Não aguentei ver a forma que estava tratando ele, nunca tinha sido tão carinhosa comigo como estava sendo com aquele animal... Dei boa noite para ela e fui embora mais cedo para minha casa.

- Brian, você não vai ficar para a janta? - perguntou minha sogra.

- Não, obrigado, senhora Megan. Estou satisfeito.

Eu me sentia mal por estar agindo daquela maneira. Na realidade eu tentava ser durão, só que nunca conseguia. Tinha o coração mole demais, e isso é o que mais me diferenciava de Sarah. Muitas vezes eu tentava bancar o cara machista, mas isso nunca funcionava direito. Sinceramente acho que tinha sérios problemas. O melhor de tudo que apesar de sermos opostos nós nos completávamos e sei por que muitos duvidam que exista essas coisas de amor verdadeiro: simplesmente porque não reconhecem o que é o amor. E o amor não é perfeição; o amor é a imperfeição sendo compreendida e aceita. O amor verdadeiro está em nossos olhos, mas cegamo-nos para isso porque exigimos demais dele. Entenda: só existe amor se existe defeito, existe ajuda e aceitação. A esta etapa do campeonato e eu ainda estou falando sobre isso. Não sei se todo mundo entende essa parada toda de eu ser um cara completamente apaixonado, só digo uma coisa: ninguém nunca se arrepende da paixão, nós só nos arrependemos de não ter aproveitado dela o bastante. Nós pensamos que talvez temos todo o tempo do mundo e realmente temos, mas nem todo o tempo será igual e com quem gostamos precisamos aceitar que a vida nos permite traçarmos nossa própria história e fazermos o que bem entendemos de nossos sentimentos, assim como permite também que reconheçamos que nada é tão precioso quanto o instante.

Na manhã seguinte acordei tarde, corri para tomar café, me arrumei, e quando estava saindo de casa me deparei com Sarah na minha porta.

- Olá, Brian, como passou a noite?

Eu esfreguei meus olhos para ter certeza de que o que estava vendo era real. Ela nunca corria atrás de mim e naquela manhã ela tinha ido me procurar. Alguma coisa estava errada com ela ou comigo. Não havíamos discutido sério, não que eu me lembre, só estava um pouco incomodado com o cachorro. Não sabia se eu fingia que nada tinha acontecido ou se voltava à discussão da noite anterior, então fiquei uns minutos calado e depois bocejei, pensei bastante antes de abrir a boca e falei.

- Passei, sim. E o cachorro, como está?

- Ele esta ótimo. Agora, não vai me perguntar como estou?

- Preciso?

Depois que perguntei aquilo me arrependi. Eu estava escolhendo as palavras a dizer, e cuidando para que ela não percebesse o quanto estava incomodado, mas sempre em uma ocasião ou outra eu conseguia ser inconveniente, e naquele dia eu estava sendo muito inconveniente. Almoçamos na casa dela e mesmo que ela não estivesse complicando com nada eu tinha decidido ser o cara mais insuportável, o namorado mais irritante, a pessoa mais chata do mundo naquela tarde. Discordei com tudo que Sarah dizia só para tentar chamar a atenção dela, mas não adiantou.

- Por favor, me alcança o suco - ela disse.

- Você tem pernas e braços, pode muito bem ir até ali buscar - respondi.

- Nossa, quer dizer que agora meu namorado está querendo ser igual a mim? - perguntou ela.

Eu pensando que tudo aquilo estava deixando ela irritada, mas aquilo irritava mais a mim do que a ela, ela foi até a mesa, buscou o copo de suco e serviu para mim também. Depois sentou no sofá e deu risada da minha cara.

- O que é tão engraçado assim, que não para de dar risada? - perguntei.

- Para ser bem sincera, é você, Brian. Você é muito engraçado, principalmente quando tenta bancar o rebelde. Só quero esclarecer para ti uma coisa: é muito infantil de sua parte isso que está fazendo, e a maneira como você está agindo. Faz assim: eu deixo você pensar qualquer coisa sobre nós dois e deixo você sozinho se precisar, se quiser eu vou ali nos vizinhos dar uma passeadinha e volto quando estiver mais calmo, pode ser?

- Eu estou calmo - falei.

- Nem te preocupa, daqui a alguns dias eu vou viajar e aí você vai ter tempo de sobra para descansar de mim - disse ela.

Eu parei de incomodá-la depois que ela falou aquilo.

Simplesmente desisti de tentar ser pior, não conseguia mesmo.

Para a minha felicidade, fui convidado para ser padrinho do irmão de Sarah, e parecia um bobão com o bebê no colo. No final tarde fomos até uma casa de shows onde um irmão se apresentou com a banda. Depois de vários meses vi Sarah como no dia que a vi pela primeira vez. Ela estava com aquela maquiagem escura e aquele coque que me conquistou. Ficamos lá até a banda parar de tocar, depois seguimos meu irmão e fomos jantar com os integrantes da banda. Admito que me sentia o certinho de lá. Estavam fazendo muita bagunça, puxei Sarah para perto de mim e a convidei para sairmos, ela me falou que estava gostando de lá, olhei sério para ela e saímos. Na saída ela me levou até atrás do salão onde estávamos. Admito que fiquei um pouco com medo na hora, não fazia ideia do que ela estava preparando, mas depois passou. Afinal, estava com ela.

- Você faz ideia por que eu te trouxe até aqui?

- Não, deixa eu tentar adivinhar: está querendo sumir comigo.

Eu comecei a rir, então ela segurou bem forte a minha mão e comecei a perceber que ela não estava querendo aprontar nada, percebi também que meu irmão espiava por trás do muro a minha conversa com Sarah, mas fingi que não vi ele. Estava ansioso para saber o que ela estava fazendo.

- Olhe, o que temos agora é somente o instante, nunca sabemos ao certo quanto tempo ainda ele vai durar, só quero que os momentos bons sejam eternos, e prometa para mim que serão - ela pediu.

Eu estranhei o pedido dela, mas quando pensei que o clima tenso estava passando, ela prosseguiu.

- Você já reparou que não sou mais tão estranha

como era há poucos meses atrás? Tenho só que agradecer por me mostrar o que a vida tem de melhor. Está vendo aquelas rosas ali no fundo? Por incrível que pareça, elas são lindas mesmo com tantos espinhos em toda sua volta, eu acho que é isso que me faz me sentir bem, acreditar que mesmo com tantos espinhos ao redor também possa me tornar uma rosa, e se isso não funcionar, esqueça qualquer teoria. O importante é que saiba ser alguma coisa, talvez pouco importante para os outros, mas importante para mim, que eu consiga algum dia ser a namorada que você tanto esperava que eu fosse. Só quero te lembrar que nem todas as dores e perdas nos enfraquecem, acredito que servem para nos ensinar alguma coisa.

Naquele dia ela estava totalmente diferente. Depois de bastante tempo lá fora, resolvi perguntar o que estava acontecendo com ela, e para minha inevitável surpresa ela respondeu que estava crescendo. Depois de aplaudi-la voltamos para a bagunça, até que Sarah pediu para sairmos dali e concordei. Vendo como meu irmão ainda me observava, desejei que ele tivesse uma boa noite e aproveitasse o momento. Ele agradeceu a nossa presença e quando estávamos saindo ele me chamou para conversar. Como eu já tinha imaginado, ele pediu se estava tudo bem com Sarah, me falou que estava passando por coincidência por nós e viu que ela estava um pouco diferente, eu sabia que não tinha sido coincidência mas prolonguei o assunto. Falei que se ele tinha prestado atenção no nosso assunto ele saberia da resposta, então me deixou sair, me desejando boa sorte.

Eu sempre admirei muito meus irmãos, principalmente ele, por tocar e cantar bem. Eu só não tinha coragem de falar isso a ele. Já ele dizia quantas vezes fossem necessárias que me amava, e eu achava isso incrível da parte dele, mas nunca consegui dizer isso a ele, então o respeitava na maior parte do tempo que passávamos juntos, e ele também era o meu amigo das horas de aperto ou quando precisava de conselhos confiava mais nele do que em mim mesmo. Eu sabia que ele já tinha feito muita coisa errada na vida e que ainda fazia, mas sempre que precisei ele me ajudou, e mesmo quando não precisava ele fazia questão de me ajudar, nunca cobrou nem exigiu nada de mim, e eu me sentia na obrigação de retribuir todas as vezes que ele me fez sentir melhor.

Quando perguntava ao meu irmão o que fazer da vida ele me dava conselhos do tipo "faz o que te faz feliz, maninho" ou "deixa teu coração falar mais alto"... Tenho certeza que ele me conhecia melhor do que eu mesmo. Eu pouco falei da banda, para a qual já tinha sido convidado a participar mas não aceitei, pois dizia que eles não gostavam de mim. Depois de um bom tempo meu irmão reparou que era só uma desculpa que eu tinha arrumado para não participar da banda. Na realidade não tinha medo deles acharem que eu estava atrapalhando, eu só não queria assumir compromisso com nada, e também reparava que todos os dias meu irmão voltava de seus shows cansado e só não desistia disso porque era o que o animava todos os dias. Era o principal assunto dele comigo: a banda e seu planejamento para a melhoria dela. Eu ficava pensando como meu irmão estava sempre bem, mesmo com todos os compromissos que tinha. Um dia perguntei isso a ele e ele me respondeu que o que fazia ele feliz era a vida, e por isso nunca desistiu de nada. Eu só conseguia dizer que era um roqueiro metido, mas sabia mais do que ninguém que ele era muito mais do que aquilo que falavam, e tudo que eu não conseguia ser ele conseguia. Nunca fez nada tentando impressionar ninguém, pois impressionava naturalmente, e isso eu acho que é o que mais gostava nele. Quando chegamos em casa, Sarah falou que estava cansada e queria que eu a levasse para a casa dela, então a levei. Na manhã seguinte fui ao mercado fazer algumas compras para a senhora Megan, afinal ela estava com um bebê no colo e outro de três anos e depois de alguns meses correndo de um lado para o outro ao redor dela me imaginei naquela situação e me ofereci para ajudá-la. O padrasto de Sarah me acompanhou até o mercado, que ficava a poucas quadras da casa onde moravam. Como já imaginava, quando Sarah acordou reclamou porque eu tinha ido com seu padrasto ao mercado. Expliquei para ela que eu só estava tentando ser gentil e tive que ouvir o discurso dela por eu tentar fazer uma coisa boa para a família.

- Eles podem tranquilamente fazer as compras sozinhos, não ocupe seu tempo com coisas desnecessárias. E por quê não me esperou? E se meus irmãos fossem os problemas principais eu cuidaria deles, agora está querendo fazer demais por nós... Pare um pouco de tentar agradá-los. Assim, daqui a uns dias você vai se tornar o empregado deles, vai por mim, não estou exagerando nem um pouco. Faço parte dessa família - disse ela.

- Sarah, eu só fui ao mercado, só isso. A única pessoa que está exagerando em alguma coisa aqui é você. Não sou empregado de ninguém nem tenho por que ser, mas seria muito bom de sua parte se reconhecesse que sua mãe está precisando de ajuda, e em vez de ficar por aí resmungando, por que não a ajuda? Só consegui ver o que parece que você não viu. Se coloque no lugar dela e veja se começa a pensar antes de falar qualquer coisa que passa pela sua cabeça - falei.

Depois disso voltei para casa e ficamos dois dias sem

nos falarmos. Como todos já sabiam, nós fizemos as pazes e tudo começou a correr bem. Comecei a reclamar menos do comportamento dela e ela a concordar mais com o meu, e parece que aquela semana passou mesmo rápido, e quando vi já havia chegado o dia da viagem. Eu a acompanhei até o carro, ajudei a terminar de aprontar as malas e me despedi. Eu sabia o quanto ia sentir saudades dela e que naquele mês que ela ia passar com o pai eu ia ficar completamente desesperado, mas ficava tentando me convencer que trinta dias passariam rapidamente e minha mãe e meus irmãos também me ajudavam, dizendo que ela não era minha vida e que eu tinha que fingir que ela não existia para me sentir melhor. Eu só concordava. Beto e Raul também a acompanharam quando ela entrou no carro e nos despedimos. Eu tinha vontade de ir junto, mas não podia, então Raul disse que era para eu ficar tranquilo. Quando o carro acelerou pedi para que parasse. Sarah estava bem tranquila, mas eu não. Pedi em gestos para que ela abaixasse o vidro do carro brevemente, o pai dela se irritou um pouco comigo mas depois foi fingindo que não se importava com a demora, e eu com medo do que ele pudesse pensar a meu respeito. Assim, de inicio, tenho que admitir que estranhei o jeito que ele me tratou, como se eu fosse um menino. Depois vi que isso era só por que ele estava cansado da viagem.

- Só mais uma coisa: depois que você voltar, aceita casar comigo? - perguntei, emocionado.

Acho que na emoção do momento falei demais, apesar de que aquilo fez com que me sentisse mais seguro. Meu sogro disfarçou, fazendo de conta que não estava prestando atenção em nossa conversa. O motorista acelerou, fiquei alimentando em minha cabeça que aquele mês ia passar rapidamente e tentando aceitar o que minha mãe e meus irmãs me falavam. Não sabia ao certo por que tinha me tornado tão neurótico que não conseguia mais nem me alimentar direito. Depois que a conheci respirei fundo, tirei meu casaco, sentei um pouco para descansar e minha mãe pediu que naqueles dias eu tentasse pensar nela. De início já me estressei com o comentário, e para que aquele dia terminasse bem meu pai ainda me convidou para participar de uma reunião na empresa com ele. Meu pau ainda tinha esperança que se eu participasse da realidade que ia ter dentro de sua empresa e se comparecesse alguns dias em seu local trabalho iria me interessar por aquilo, assim como ele se interessou. O sonho era dele, mas não meu. Ele sabia disso, mas não queria acreditar que seus filhos não haviam herdado os mesmos pensamentos do pai. Nenhum dos meus irmãos demonstravam interesse em seguir administrando a empresa, mas acho que erramos algumas vezes em sermos sinceros demais a respeito disso.

Em clima ainda tenso, depois dela viajar fiquei pensando por várias horas no que fazer. A distância estava sendo cruel comigo. Há quase dois anos não sabia mais viver sozinho e tive que mudar bastante naquele mês. No começo estava sendo difícil, eu ficava pensando o tempo todo como ela deveria estar, e o que mais me animou foi que os irmãos Raul e Beto, que tornaram-se sem dúvidas especiais para mim, enquanto Sarah estava viajando, me acompanharam quase todos os dias. Eu nem lembrava mais o que achava a respeito dos dois no primeiro dia em que os vi.

Quando foram à minha casa me visitar, fiquei surpreso deles saberem o caminho até lá. Não que não pudessem saber, até por que não ficava tão longe de onde moravam, mas eles foram me ver e perguntaram se tinha algum compromisso, se estava ocupado e se poderia aproveitar aqueles dias com eles. Aqueles caras me fizeram muito bem. Depois entendi o porquê de Sarah elogiar tanto eles, porque realmente eram incríveis em qualquer que fosse a situação. Se fosse de alegria ou tristeza, eles eram companheiros. Eu ficava me perguntando como conseguiam ser pessoas tão diferentes e legais em meio a tanta gente parecida. Depois lembrei que eram novatos na cidade e que logo se acostumariam com as ideias e costumes insensíveis da maioria dos moradores locais. Eu não tinha nada contra morar lá, mas tem uma certa altura da vida em que queremos mais aventuras, mudanças, enjoamos daquilo que vemos todos os dias e queremos inovações. Mesmo que soubesse pouco sobre a realidade, eu me achava extremamente culto a respeito de sociedade e me sentia no direito de falar por horas sobre o que precisava ser mudado onde morávamos. Quando pequeno, queria ser integrante do Grêmio Estudantil do colégio, e só não fui porque minha mãe me assustava dizendo que teria muita coisa para resolver, que precisava ser maior para participar ou que eu não precisava. Eu sabia que ela estava errada sobre diversas coisas que dizia a meu respeito, mas nem a contrariava porque não conseguia. Eu era muito de abaixar a cabeça e concordar quando ela dizia alguma coisa. Depois, quando fiquei maior, comecei a querer distância disso e correr bem longe de qualquer eleição que tivesse na escola. Agora, se alguém me convidasse para ser algum tipo de líder, presidente ou algo parecido com isso, acho que eu até me sairia bem. Tenho certeza de que só não me convidavam porque conheciam a minha mãe e sabiam que mesmo crescido eu ainda dependia dela para muitas coisas. Eu não tinha vergonha de demonstrar a minha dependência maternal, até por que não tinha como escondê-la. Quando comecei o segundo grau, aí sim, muita cosa mudou, mas, ainda que discretamente, eu necessitava das opiniões dela para todas as escolhas que fazia.

Nos dois primeiros dias liguei para Sarah, depois pensei em fazer alguma coisa melhor, e então pedi ajuda aos irmãos Beto e Raul.

- Eu quero mandar alguma coisa para a Sarah, algum presente, não sei direito o que mandar... É que ligar já se tornou cansativo... O que vocês me sugerem?

- Simples. Mande rosas - sugeriram ao mesmo tempo.

- Como assim, rosas? - perguntei.

- Não sei se você sabe, mas sua namorada, apesar de não parecer, é encantada por rosas, principalmente as vermelhas. Seria muito criativo de sua parte entregá-la uma rosa todos os dias - disse Beto.

- Gostei da ideia, mas a distância é grande. Nenhuma floricultura daqui vai aceitar fazer entregas em outra cidade, sendo somente uma rosa por dia - falei.

- Faça assim: contratamos um florista de lá, pagamos adiantado; enfim, arranjamos alguma maneira de resolver esse detalhe. Agora, pense que ela vai gostar muito - sugeriu Beto.

- Vocês estão certos. Conversarei com minha mãe. Ela pode me ajudar com isso - eu disse.

- Brian, não temos nada contra sua mãe, mas tente fazer pelo menos uma escolha em sua vida sem consultá-la - propôs Raul.

Sarah estava gostando muito da viagem e estranhei que em alguns telefonemas ela parecia que nem tinha vontade de prolongar o assunto. Me falava que ia a festas, que bebia muito e tinha até feito alguns amigos por lá. Eu me espantava com certos comentários que ela fazia e nunca sabia se ela estava falando sério ou brincando. Algumas vezes até me falou que poderia tranquilamente morar lá com o pai dela. Eu perguntava sobre tudo para ela e não cansava de incomodá-la. Todo dia uma rosa era entregue em seu endereço, e toda noite ela me agradecia. As rosas que mandava eram todas vermelhas e ela as colocava em um vaso transparente que o pai tinha em cima da mesa.

Enquanto ela se divertia com o pai dela, eu trabalhava com o meu. Naqueles dias eu chegava cada vez mais cansado em casa e parecia que o objetivo do meu pai era esse. Saíamos às pressas toda manhã e eu voltava exausto toda noite. A experiência naquele escritório só me fez cada vez mais querer distância dele. Meu pai me apresentou a secretária dele, que por algum motivo parecia que estava fazendo tudo para me chamar a atenção. Evitei contato com ela. Finalmente estava conseguindo parecer um cara formal e minha mãe estava orgulhosa de mim. Aquela secretária do meu pai todos os dias me incomodava pensando em alguma possibilidade de me interessar por ela. Já havia avisado ela que tinha namorada, só não entendia por que ela não me esquecia.

Eu fui acostumando com a ideia de suportar o emprego com o meu pai e aquela secretária chata só por que tinha prometido que iria me casar com Sarah e precisava garantir nosso dinheiro. É claro que no inicio não seria fácil, mas por ela faria de tudo e podia tornar aquele emprego mais suportável se pensasse na hipótese de que daquilo podia começar minha vida independente mais à frente. Seguiria a carreira de músico e convencia o meu pai em investir em mim, mas por enquanto aguentaria o que fosse necessário naquele escritório chato que tinha que frequentar diariamente. O que mais me fazia me sentir mal era o fato de que tinha que usar terno todos os dias e me arrumar bem. Meu pai dizia que eu tinha que parecer um homem como ele e esquecer aquelas roupas largas e aquele cabelo desajeitado. Tinha que aprender a ser mais homem e menos moleque. Meu pai era um bom homem, tirando o fato dele ser um pouco exagerado em relação a mim. Eu gostava dele, e mesmo que não tenha aceitado muito a ideia de que não podia mais me vestir como antes, eu só concordava com o que ele pedia.

Todos os dias estavam sendo assim. Aquele mês estava demorando para passar. Todas as noites ligava para Sarah e perguntava se ela havia recebido as rosas e se estava tudo bem com ela. Eu contava as horas para que ela voltasse de viagem. O que mais me motivava era ela. Meu pai um dia me deixou sair mais cedo do trabalho porque falou que eu precisava descansar e que eu parecia estar pensando longe. Agradeci e disse que não precisava descansar, que estava tudo bem comigo e que a única coisa que me incomodava era aquela secretária, e que tirando isso até que estava tudo bem. Aquele mês parece que tinha sido o mês feito para me ensinar, e garanto que assim foi. Sarah me contava de tudo ou quase tudo que ela fazia na cidade em que estava e ela parecia estar feliz, então nem me importei tanto em ficar muito tempo ao telefone falando com ela. Era melhor assim, pois quando ela voltasse a saudade seria maior. Alguns dias antes dela voltar ela me contou que tinha perdido seus fones de ouvido e que seu pai tinha saído. Perguntei se ela estava bem e ela disse que só estava se sentindo um pouco sozinha, mas que ia passar. Perguntei o que ela estava fazendo e ela disse que estava desenhando, então tentei disfarçar a preocupação e pedi que aproveitasse ao máximo a viagem. Eu sabia que se eu não estivesse perto ela poderia fazer o que quisesse, que ninguém ia protegê-la, e isso sei que fazia muito bem. Tomava cuidado como tratava ela, mas sabia que longe de mim ela se fechava cada vez mais para o mundo. Eu sabia disso porque quando a conheci era assim, sabia de cada detalhe do que ela pensava e o que poderia passar pela cabeça dela. Eu tinha um certo respeito para não invadir tanto assim a privacidade dela, mas quando a conheci era uma garota completamente problemática, e ela continuava sendo problemática. Eu baixei minha cabeça sobre a escrivaninha do escritório e empurrei o porta-canetas que tinha ao meu lado, comecei a chorar e a gritar. Meu pai abriu a porta e quando me viu naquele estado pediu para que me acalmasse. Fazia tempo que não sabia o que era aquele sentimento, fazia tempo que não ficava naquele estado e acabei sendo grosseiro com meu pai. Depois não consegui mais dizer nada. Baixei a cabeça e voltei a chorar.

- É aquela garota, filho... Você está doente, não pode ser... Olha só sua idade e o seu estado, isso não é amor, isso é algo completamente inexplicável. Como pode ficar desse jeito por causa de uma menina? Não existe isso... É melhor você começar a mudar! Ela não é sua vida, entenda isso! - disse ele.

- Ela é a melhor parte da minha vida - respondi.

- Você tem vinte anos, não viveu nem um terço do que o necessário e já sofre desse jeito. Pode me odiar o tempo que for necessário, mas acho que isso está se tornando cada vez mais doentio; não tenho nada contra ela, eu juro, até acho que ela é uma ótima menina, mas há meses você dedica sua vida só a ela... Desconheço o filho que criei.

- Você desconhece porque pouco esteve presente na minha vida, e o pouco que esteve não foi o suficiente para dedicar aos seus filhos. Não quero mais ficar aqui, não gosto de nada disso, você não entende, eu não nasci para nada disso. Não quero passar todos os dias da minha vida me desgastando em uma coisa de que não gosto. Você e mamãe esperam de mim uma coisa que eu não sou. Me chamem do que quiserem, mas não me obrigue a mais nada, eu cansei dessa vida, cansei dessas normas que criaram e cansei de vocês! Para mim, já chega!

- Brian, você está alterado, só isso. Vou buscar um copo d'água para você.

- Não precisa, eu mesmo busco bem longe daqui.

Depois disso saí de lá batendo a porta e fiquei pensando no que eu tinha feito. Nunca tinha dito aquilo para o meu pai e ele não merecia ouvir tudo aquilo. Acho que o meu talento era esse: estragar a harmonia das coisas. Eu não sabia mais a quem ouvir e se o que ouvia era certo. Não sabia mais se confiava ou não, se continuava ou não. Eu estava acabado, e quando cheguei em casa minha mãe já estava sabendo de tudo. Ela sentou ao meu lado e eu pedi que ela me deixasse um pouco sozinho. De todos os dias da minha vida, aquele estava sendo o pior. Estava no pior dos estados, uma confusão incontrolável na minha cabeça e uma vontade imensa de sumir. Subi até meu quarto, telefonei para Sarah e ela não atendeu. Liguei várias vezes e nenhum sinal dela. Fechei meus olhos e parecia que ia explodir, todos os sentimentos do mundo me atordoavam e eu não era capaz de controlá-los. Meu irmão tentou ir falar comigo e pedi para que ele saísse. Eu sabia que precisava me desapegar, voltar a ser calmo, só não sabia como o mundo todo naquele dia parecia que estava contra mim. Eu não era assim, tenho certeza que não. Eu havia complicado tudo, perdido a noção do tempo e da vida, tentei ser mais do que era realmente e só me compliquei, eu me sentia a pior criatura da espécie humana e a dor que sentia era insuportável. Eu acabei dormindo, e meu pai me perdoando.

Sarah não havia dado notícias, mas como eu imaginava, tinha feito cortes com lâmina novamente em seus pulsos e se alcoolizado. Fiquei sabendo pela mãe dela que havia recebido uma mensagem do pai de Sarah, dizendo que ela estava no hospital mas logo sairia. Eu passei o dia trancado no quarto e depois que fiquei sabendo da notícia me senti na obrigação de ligar para meu sogro. Como já esperado, ele também não atendia, e eu então desisti de tentar falar com ela ou com alguém de lá. A senhora Megan foi na minha casa e me avisou que Sarah estava bem, e disse que eu tinha que dar menos importância para o que os outros diziam, então não consegui fingir que estava melhor e falei para ela sobre tudo o que eu sentia. Fazia tempo que eu não conversava com ninguém a respeito de mim e minha sogra me avisou que a vida não era só aquilo que eu vivia e que estava só começando a caminhar com meus próprios passos. Depois de nossa longa conversa, ela saiu e minha mãe entrou no meu quarto e também me falou bastante coisas. Parece que depois das duas conversarem comigo me tranquilizei.

Agora tudo estava bem. Meu pai me ligou me oferecendo o emprego de novo. Dessa vez fui menos grosseiro e aceitei. Eu não precisava daquele emprego, mas estava desocupado, tinha que fazer alguma coisa que me ocupasse, e naquele escritório sempre tinha ocupação. Faltava menos de uma semana para Sarah voltar e eu tinha perdido boa parte da minha ansiedade e esquecido todas aquelas maluquices de antes. Por mais que no meio de tanta gente importante e experiente eu participasse das reuniões, me sentia um peixinho fora d'água. Era o mais novo dos negociantes de meu pai e ele sabia disso. Quando sentávamos em círculo para falarmos das novas propostas que tínhamos, eu ficava quieto. Todos me respeitavam apenas pelo fato de eu ser o filho do chefe, mas tenho certeza que muitos sabiam que não estava preparado para gerenciar nada, muito menos parecia entender alguma coisa que falavam. Quatro dias antes de Sarah voltar fui a uma festa com alguns amigos e liguei para ver se todas as rosas estavam chegando até ela. Para a minha felicidade, estavam todas com ela. Contei como tinha sido meu dia e o que estava fazendo da vida naquele período de quase um mês longe dela. Ela disse que estava muito orgulhosa de mim e que eu tinha encontrado alguma coisa interessante para fazer da vida. Na realidade eu tinha muita coisa interessante para fazer na vida, só não tinha vontade e foi bom o tempo que fiquei lá ajudando meu pai. Por um lado foi bom para que eu aprendesse um pouco mais como era uma vida adulta de verdade, e como esperado, era bem mais complexa do que pensei no dia seguinte.

Falei com Beto e Raul e almoçamos juntos antes de eu voltar para o trabalho. Eles me perguntaram como estava me sentindo trabalhando na empresa do meu pai. Não consegui esconder as gargalhadas e eles também não. Parecia que estávamos contando piadas. O garçom até se assustou com a nossa conversa. Falei para ele que estava tudo bem conosco e que aquilo tudo era só por que em breve me tornaria um empresário, e voltamos a rir. Fazia tempo que não dava tantas risadas como naquele dia. Apesar do pouco tempo que tive de descanso, foi o suficiente para me manter animado dentro do escritório. Foi só eu terminar de almoçar que meu pai me ligou para voltar às pressas, porque ele precisava que eu resolvesse alguns "probleminhas" para ele. Me despedi dos meus amigos e voltei correndo para a empresa. Meu pai pediu para que recolhesse os papéis que estavam guardados nas gavetas e achasse os responsáveis por eles. Se não achasse, estaríamos perdendo lucro e clientes. Eu me apavorei de início, mas depois passou.

Impressionante essa vida, não é mesmo? Muito impressionante: quando tudo se ajeita, alguma coisa acontece e desajeita. Sempre tem que ter o lado inesperado da história. E foi nesse dia que tudo mudou. Poucas horas faltavam para a chegada de Sarah na cidade, e eu passei o dia todo pensando na chegada dela. Começou a anoitecer e comecei a ficar preocupado. Meu telefone tocou, e para minha surpresa o pai de Sarah e ela estavam internados em um hospital. Haviam se acidentado quando voltavam para a cidade. Quando eu soube da notícia, foi inevitável segurar as lágrimas. Enlouqueci. Pedi para que me levassem ao hospital, queria saber se estava tudo bem com ela. Meu irmão me acalmou e depois fomos até onde ela estava internada. Tive que ficar na sala de espera porque não me deixaram vê-la. Eu não saí de lá até que alguém me desse uma boa notícia. Fiquei me perguntando por que isso tinha que acontecer, ficava perguntado para mim mesmo quando tudo ia passar, e tentando me convencer que logo aquela tempestade, aquele sonho ruim ia passar. Depois de horas na sala, um médico me avisou que ela estava dormindo e que teria que ficar em observação. Me disse que a vida dela não estava em risco, mas havia tido fraturas na cabeça e provavelmente iria apresentar dificuldade na fala após a recuperação, e se tivesse sorte não perderia a memória. Pedi para que o doutor tentasse ser um pouco menos pessimista, e ele me disse que estava fazendo o possível para isso. Aproveitei e perguntei sobre o meu ogro. O médico disse que para ele o acidente havia sido mais graves e as chances de sobrevivência eram menores. Quando o doutor terminou de falar, pedi que me deixasse visitar Sarah. Ele me deixou, mas pediu para que não a acordasse. Quando entrei no quarto e a vi na maca, cheia de aparelhos em seu corpo, a tristeza foi mais forte ainda. A minha vontade era trocar de lugar com ela. Cheguei perto da maca e vi seu pulsos. Estavam cicatrizados. Coloquei minha mão sobre seu rosto, acariciando-a. Sabia que ela estava dormindo e comecei a pensar no que o doutor tinha falado para mim antes de entrar no quarto, e mesmo sabendo que eram poucas as chances da memória de Sarah voltar, sussurrei em seu ouvido.

- A proposta de casarmos ainda esta de pé.

As enfermeiras pediram para que eu me retirasse da sala porque não era da família e não podia ficar muito tempo com ela. Eu coloquei minha mão sobre a mão dela e prometi que, independentemente do que acontecesse, nunca iria a soltar. As enfermeiras pediram novamente para que eu saísse e então sequei meu rosto e saí. Raul e Beto também estavam na sala de espera, me abraçaram e disseram que iria ficar tudo bem. Eu queria acreditar que sim, por alguns minutos pensei que não tinha mais força alguma e minha vida acabava ali. Eu não estava sozinho. Sabia que não estava, mas tem coisas e sentimentos dentro de nós que ninguém é capaz de entender a não ser nós mesmos. Eu sentei no banco que havia em um dos corredores do hospital e parecia cada vez mais esgotado. Meu irmão sentou ao meu lado, apertou a minha mão e disse:

- Calma, irmão, você ouviu o doutor falar que ela não corre risco de morte. Isso é muito bom, não chore... Agora segure um pouco tuas lágrimas.

- O que eu faço se ela não se lembrar de mais nada? Se ela não for a mesma de antes? Minha vida toda vai ter que mudar!

Ele me abraçou forte e depois pediu para que eu lembrasse de tudo o que me fazia feliz, depois lembrasse que um dos motivos era ela, e disse que se eu tivesse esperança e tivesse a felicidade nada poderia acabar comigo, e que ele sabia que tudo dependia da minha coragem e da minha fé. Eu nunca fui muito religioso e nem muito, corajoso, mas se teve alguma coisa que me salvou naquela situação foi exatamente a fé.

Já fazia mais de vinte e quatro horas que ela estava internada. Os médicos saíram do quarto e pareciam contentes. Deixaram que a família fosse visitá-la e disseram que Sarah poderia sair em breve. Eu comecei a me sentir aliviado depois de me alimentarem de certezas. Empolgado por finalmente poder falar com ela novamente, entrei no quarto correndo e ela estava acordada. Então beijei sua testa, peguei na sua mão e ela permanecia imóvel. Não tive nenhuma reação. Olhei nos olhos dela e ela olhou nos meus. Falei:

- Querida, ainda bem que você está bem! Finalmente pude te ver.

Eu fiquei esperando alguma reação dela, mas parecia que ela não me entendia e nem me conhecia mais. Observando que ela não reagia, prossegui a conversa.

- Sarah, sou seu namorado, lembra de mim? Por favor, diz que lembra. Lembra que vamos nos casar?

Ela somente piscava seus olhos. Eu coloquei sobre a maca uma rosa vermelha, e quando olhei novamente para seus olhos, uma lágrima escorreu discretamente de seu rosto. Perguntei a ela se lembrava de mim, mas ainda não conseguia falar muito bem. Sinalizou com a cabeça da direita para a esquerda. Eu olhei mais um pouco para ela e me retirei do quarto. Lá fora, várias pessoas comentavam a respeito dela. A sala do hospital estava cheia e a senhora Megan e seu marido tentavam me conformar sobre a situação. Não entendia como eles conseguiam aceitar aquilo tudo tão depressa, eu não me conformava queria que aquilo tudo fosse apenas um sonho ruim e quando acordasse tudo estivesse como antes. De tudo o que havia acontecido antes aquilo era o pior: saber que a pessoa que mais amei não lembrava mais de mim era desconfortante. O doutor, avistando de longe o que se passava comigo, me chamou para conversar. Ele disse que eu poderia escolher entre recomeçar minha vida ou viver minha vida para ela. Ele me avisou: Sarah voltaria para casa e que precisava que seus familiares e amigos tivessem muito cuidado e paciência com ela. Pela primeira vez na vida minha mãe não quis se meter em minhas escolhas. Ela parecia mais preocupada do que eu, mas precisei que ela me ajudasse a decidir o que fazer da vida. Era lógico que eu não deixaria Sarah, mas todos sempre me disseram que minha vida não era Sarah e que eu precisava aprender a viver sem ela. Meu pai tinha planos para mim na empresa, mas se escolhesse continuar com Sarah não teria tanto tempo para a empresa. Eu sabia que a situação na casa dela não era fácil, e que com dois filhos pequenos a senhora Megan não daria conta das responsabilidades.

Minha mãe falou que eu era muito novo ainda para me estressar do jeito que me estressava, e lembrei quando Sarah me falou que eu só continuava sendo o garotinho que era porque não necessitava crescer ainda. Depois de uma boa hora tentando decidir o que fazer, decidi. Ou eu levaria ela para morar comigo ou eu iria morar com ela. A senhora Megan disse que já tinha feito muito pela filha dela, mas que aquela hora era a hora de eu deixar dela e seguir minha vida. Eu achei aquelas palavras chocantes, principalmente vindas da boca da minha sogra. Eles pensavam que eu não amava Sarah de verdade, eu acho, e que estava com ela só porque ela precisava de alguém ou de atenção. Eu tentava cobrir as feridas das palavras que as pessoas proferiam sem medo de que elas pudessem realmente ferir. Demorei bastante tempo para entender o que Sarah sempre me falava sobre as pessoas e depois comecei a enxergar esse lado sombrio que ela tentava me explicar. Realmente, há coisas na vida que precisamos resolver sozinhos e com confiança em nós mesmos.

- Senhora Megan, deixe-me cuidar de sua filha. Prometo que não deixarei faltar nada e que tomarei todos os cuidados necessários com ela - falei.

- Garoto, é muito gentil de sua parte, mas não precisa se incomodar com isso. Já estamos procurando uma clínica para ela ficar - respondeu a senhora Megan.

Eu não estava acreditando naquilo: queriam colocá-la em uma clínica, mesmo sabendo que ela poderia ter uma vida quase normal fora dela.

- Não posso deixar que a coloquem em uma clínica, afinal, ainda sou o namorado dela - falei.

A senhora Megan parecia pouco se importar comigo naquela situação. Ela me falou que o tempo que eu namorava a filha dela já tinha acabado e que não existiria mais possibilidade de continuar a vida como antes naquela situação. Eu fiquei inconformado com o que ela disse, e para completar ela me falou que dali para a frente eu poderia continuar a vida normalmente, que a responsabilidade de cuidar da filha dela era dela e não minha. Eu não aceitei o que ela estava me dizendo, até que ela prosseguiu.

- Gosto muito de ti, Brian, o fato é que tens somente vinte anos... Não conhece nem a metade do necessário para tomar decisões. Você faz ideia do quanto minha filha vai atrapalhar sua vida? É novo ainda, tem muita coisa para viver e aprender. Tenho certeza que não vai querer gastar todo o teu tempo cuidando de uma garota com problemas mentais. Isso não é para ti. Eu agradeço de verdade por esses dois anos em que esteve do lado dela, mas agora é a hora em que vamos colocar um ponto final nessa história. Não precisa se preocupar com nada, os psiquiatras e coordenadores da clínica em que ela ficará são ótimos e lá ela estará em boas mãos. Depois de tudo que Megan falou ao meu respeito tive que concordar, mas o fato de deixar sua filha internada em um manicômio não me convencia nem um pouco que seria o correto. Aquilo quase arrebentava o meu coração. Se ela amasse a filha não faria aquilo com ela, eu nunca faria aquilo com ela. Pedi para que a senhora Megan me escutasse e ela negou. Disse que estava cansada e que mais tarde conversaríamos. Então fui ao quarto que Sarah, que estava na companhia dos irmãos Beto e Raul, e apesar dela não os reconhecer, parecia estar gostando da presença deles. Me retirei do quarto, fui para casa, tomei um banho, jantei, peguei meu violão e saí. Minha mãe e meus irmãos só ficaram me observando. Quando abri a porta me perguntaram onde eu ia, e então falei que iria dormir no hospital com Sarah. Depois olharam um para o outro e continuaram a jantar.

Cheguei ao hospital, abri a porta do quarto e a mãe de Sarah estava com ela. Me perguntou o que eu estava fazendo lá, então eu disse que ela poderia dormir tranquila, pois naquela noite eu ficaria com ela. Por um minuto me senti um pouco mais seguro. A senhora Megan, apesar da conversa que havíamos tido à tarde, me deixou cuidar de Sarah e me falou que somente naquela noite deixaria que eu dormisse no hospital. Na manhã seguinte comecei a tocar violão para ela e as enfermeiras me mandaram parar. Juro que Sarah estava gostando da música, mas, por respeito às enfermeiras, parei. Perguntei aos médicos porque ela não conseguia falar e me explicaram que era o efeito dos remédios e que logo aquilo passaria, que o problema dela não era dos piores e que à tarde ela já poderia sair do hospital.

Quando me falaram que ela teria alta, fiquei pensando o que faria para convencer a senhora Megan de deixar Sarah comigo. Eu entendia que Sarah não seria a mesma de antes, mas por mais que sofresse com isso, eu com o tempo me acostumaria. Eu fiquei ao lado dela até o momento em que ela desceu da cama, se apoiou em meu ombro e juro que ela me pediu para onde a levariam. Pouco tempo depois dois homens de guarda-pó branco entraram no quarto, recolheram uma sacola de remédios e pediram que a entregasse a moça. Recusei, então me empurram e a levaram.

- Vocês não podem fazer isso com ela, ela é minha namorada e eu não quero que a levem - falei.

Um dos homens me mostrou a assinatura da senhora Megan, e então tive que baixar a cabeça e deixá-los levá-la. Antes que saíssem pedi que deixassem falar com ela, eles disseram que tinham pouco tempo, então segurei seus braços, olhei diretamente nos seus olhos e falei que meu nome era Brian, que a amava muito e que ela não precisava se preocupar porque eu cuidaria dela. Ela pareceu entender o recado, porque depois que falei isso ela me abraçou. Cheguei em casa e minha mãe chegou até mim perguntando sobre Sarah. Falei para ela do acontecido e ela concordou que seria o melhor a fazer mesmo.

- Mãe, prometi que eu vou cuidar dela - eu disse.

Minha mãe sorriu para mim e pediu que descansasse

um pouco. Ela disse que aqueles dias estavam sendo muito cansativos para mim e que eu precisava descansar. Me falou que agora eu não precisava me preocupar com mais nada, que ela estava bem. Eu queria acreditar que estava tudo bem, e seria muito bom se estivesse, acredite quem quiser, mas as coisas só ficariam bem se pudesse cuidar dela. Era lamentável que a senhora Megan não sentisse falta da própria filha. Não entendi porque ela não deixou que eu ficasse com Sarah, e também não quis cuidar dela. Sinceramente, não entendia o comportamento de mais ninguém. Meu pai me ligou perguntando se eu queria trabalhar, e meu irmão me convidou para assistir ao show da banda dele.

Descansei um pouco e fui à casa da senhora Megan pedir o endereço da clínica. Quando ela viu pela janela que era eu no portão, tentou disfarçar que não tinha ouvido a campainha, mas insisti bastante e ela abriu.

- Senhora Megan, desculpe lhe atrapalhar, só gostaria, se possível, que você me desse o endereço da clínica onde Sarah está... - falei, respeitoso.

Ela não parecia estar nem um pouco entusiasmada com a minha visita, mas também não me negou dar o endereço da clínica. Agradeci, e quando me virei ela pediu para que eu voltasse.

- Espere, queremos falar com você - ela disse.

Eu sabia que alguma coisa eles estavam me escondendo e por isso não queriam que eu continuasse com Sarah. Megan e seu marido pediram para que eu sentasse, pois eles precisavam contar toda a verdade. Eu fiquei pensando comigo qual seria a próxima surpresa me sentei tomei uma xícara de café e pedi para eles contarem tudo que eu tinha que saber. Me preparei bem para ouvir o pior, pois não queria que me escondessem mais nada.

- Brian, Sarah não vai viver muito - disse a senhora Megan, iniciando a conversa.

- Como vocês podem afirmar isso? Ela é forte e o médico falou que ela não corre risco de morte - falei.

- Fizeram novos exames e apareceu uma pequena mancha no cérebro dela.

- É só uma mancha, para alguém que destruiu mais da metade dele, essa mancha não quer dizer nada - tentei minimizar a gravidade da revelação.

- Também achamos, mas...

Eu não quis ouvir mais nada, agradeci a eles e me retirei da casa. Convidei Beto e Raul para almoçar e depois fomos visitar Sarah. Quando chegamos ao manicômio, me deparei com uma realidade desconfortável. Tentei ser forte quando coloquei o pé no quintal daquela enorme residência e vi pessoas capazes de amolecer o coração de qualquer homem. No canto do jardim avistei Sarah. Perguntei para um dos homens que cuidavam de lá se podíamos ir até Sarah, e ele pediu para que fôssemos um de cada vez, porque fazia pouco tempo que ela havia chegado e estava ainda se adaptando ao lugar. Tínhamos em média meia hora cada um para a visita. Pedi para que deixassem-nos mais tempo com ela e disseram que não podiam, pois não conheciam ainda a paciente. Os irmãos Beto e Raul cederam o tempo deles para mim sem que os monitores percebessem, e quando me aproximei de Sarah ela me reconheceu. Repetiu várias vezes o meu nome e depois arrancou uma das flores que tinha à sua frente e colocou-a em minha mão. Depois disso ela sorriu. Perguntei para ela se lembrava de mim e ela indicou com a cabeça que não. Depois começou a encher os olhos de lágrimas e me abraçou. Ela apontou para a flor e depois repetiu a palavra "cuidar". Aquela hora que passei com ela passou rápido demais, e apesar de não conseguir entender tudo o que ela pronunciava, algumas palavras eu consegui entender. Dei um beijo no rosto dela e disse que na manhã seguinte voltaria. Quando saí de lá me confortei um pouco em saber que ela estava bem. À tarde compareci ao velório do pai dela, ao qual não a levaram, e à noite não tinha jeito algum que me fizesse dormir.

No dia seguinte compareci ao manicômio e levei uma rosa para ela. Parece que ela gostou. Depois passeamos por todo o jardim e sentamos em um banco. Ela estava mais sensível, mais doce e meiga, mas tudo o que sentia por ela era como antes. Saí de lá e me deparei com a senhora Megan e seus filhos. Não sabia se eu os cumprimentava ou não. E nem precisou falar nada, a senhora Megan chegou até mim e falou para que não mais me incomodasse com aquilo tudo. Expliquei para ela que estava feliz e que a única coisa que poderia me deixar mal seria o fato de não me deixarem mais visitar Sarah.

- Brian, estamos tentando fazer com que não sofra tanto quando ela partir. Você sabe que nada mais será com antes, não insista nisso... Não queremos te ver pior. Daqui a uns dias tudo isso vai acabar. Acredite em mim, não está sendo nem um pouco fácil aceitar o que aconteceu com minha filha, mas estou tentando. Toda vez que entro naquele lugar e vejo minha filha naquele estado, saio totalmente acabada de lá. Eu queria que isso não tivesse acontecido, queria que pudesse olhar para ela e enxergar a mesma menina de antes, mas isso não acontece. Sabemos que você gosta dela assim como nós também gostamos, mas não há nada mais que possamos fazer, e você também não - ela disse, como que disparando em meu coração.

Depois de ouvir o que ela tinha para me dizer, fiquei

quieto pensando em fazer uma coisa para que eu não tivesse que deixar Sarah no manicômio. Fui para casa e sentei no sofá. Minha mãe perguntou como Sarah estava e se eu tinha alguma coisa para falar a ela.

- Mãe, posso trazer Sarah para morar com a gente?

Quando minha mãe ouviu a pergunta, ficou sem reação. Não sabia o que me responder.

- Por favor, eu prometo que irei cuidar bem dela - insisti.

- Filho, não é essa questão - ela disse.

- Se não for esta questão, então qual é? Me diz! Ela ser portadora de deficiência? Ou eu amá-la? Me responde - falei, já nervoso.

Eu sabia que minha mãe sempre teve ciúmes de Sarah, mas como já haviam me dito, muita coisa teria que ser mudada. Já havíamos conversado antes sobre isso e já tinha ouvido poucas e boas da boca de minha mãe, mas tínhamos condição e não havia compromisso absolutamente com nada. De todos os momentos da minha vida, aquele era o único em que eu tinha certeza do que queria. Meus pais estavam com pena de mim, mas não queria que eles me achassem um coitado, eu queria que pelo menos naquela situação eles ficassem ao meu lado e me apoiassem no que eu decidisse. Quando comentava com eles sobre eu cuidar de Sarah, me falavam que eu não sabia nem me cuidar sozinho. Eu justificava com todas as palavras os motivos que me levavam a tomar aquela decisão. Parecia que quanto mais eu falava menos eles se convenciam de que levá-la para nossa casa seria a melhor forma de ajudá-la.

- Eu sei o que estou pedindo, eu sei pela primeira vez! Eu tenho certeza do que eu quero! - falei.

- Conversaremos com seu pai mais tarde.

Eu esperei meu pai chegar em casa e não consegui falar com ele porque estava cansado. Na manhã seguinte ele saiu cedo e parecia que não ia ser tão fácil a nossa comunicação. Passei no mercado, comprei algumas guloseimas e depois fui visitar Sarah. Para a minha surpresa, os homens que cuidavam do manicômio me avisaram que a minha visita estava proibida pela família de Sarah. Eu disse que alguma coisa estava muito errada e eles disseram que foi a senhora Megan que passou o recado a eles. Eu fiquei impressionado com aquilo, não poderia mais acontecer isso na minha vida. Parecia que a senhora Megan estava mesmo querendo arrumar intriga comigo. Eu só queria ajudá-la e ela não aceitou minha ajuda, depois me proibiu de ver a filha dela. Eu tentei conversar com os monitores, mas não adiantou, então não pensei duas vezes e liguei para a senhora Megan para conversarmos. Desta vez eu queria conversar seriamente como adulto com ela. Queria parecer ser mais do que demonstrei durante o tempo em que convivi com Sarah. Então combinamos de nos encontrarmos em um restaurante para conversarmos. Ela disse que faria isso só porque eu havia dito que era muito importante. Pedi que fosse só ela, porque não queria mais ninguém atrapalhando nossa conversa. Eu às vezes era muito infantil, eu sei, só que havia marcado a conversa para tratar de assuntos como adulto, assim como meu pai havia me ensinado. Iria provar para ela que podia sim ajudar Sarah, e que podia sim ser um cara de compromissos e responsável. Então desliguei o telefone, coloquei um terno decente, uma gravata, lavei bem meu rosto, minha mãe me perguntou onde eu iria daquele jeito e olhei para ela rindo. Falei que iria tratar de negócios, mas ela já fazia ideia do que eu iria fazer. Me desejou boa sorte e pediu que ficasse tranquilo no que eu iria falar. Eu disse que ela poderia confiar em mim porque estava me preparando para isso.

Quando encontrei com a senhora Megan no restaurante, pedi ao garçom o cardápio e depois começamos a conversar. Naquela hora falei tudo, exatamente tudo o que precisava para que ela aceitasse a proposta para de eu levar Sarah para a minha casa e cuidar dela sem depender de mais ninguém. Depois de bastante tempo pensando, a senhora Megan disse que era aquilo que faltava para que eu sossegasse, então ela faria a minha vontade. Quando ela me disse que deixaria Sarah ir para a minha casa comigo eu quase chorei de emoção.

- Obrigado, senhora, obrigado. Você não sabe o quanto estou realizado. Prometo que cuidarei de sua filha muito bem, confie em mim. Uma vez na vida não irei decepcionar ninguém. Eu estou agradecido de verdade por aceitar minha proposta. Sua filha estará protegida ao meu lado, garanto. Não deixarei nada faltá-la e farei de tudo para que, independente da situação em que ela se encontra, fazê-la muito feliz.

Quando saí do restaurante eu estava muito animado. Cheguei em casa e contei para minha mãe sobre o que tinha conseguido. Minha mãe estava feliz por mim, e disse que se eu precisava mesmo que Sarah fosse morar conosco, por ela estava tudo bem. Liguei para meu pai para contar a novidade e ele nem se importou muito. Pouco sabia de como convivíamos em casa e só me falou que se eu precisasse de alguma grana ele podia conseguir para mim. Comentei com meus amigos mais próximos sobre a novidade e eles me desejaram boa sorte no compromisso. Uma das coisas já tinha conseguido resolver, agora só precisava conversar com meus irmãos sobre minha decisão e pedir para que eles tivessem paciência comigo e com a nova moradora da casa. Eu sabia que não havia nenhuma possibilidade de casar, mas podia imaginar que ainda éramos namorados, apesar dela nem fazer ideia disso. Os dias em que a visitei na clínica consegui ser um ótimo amigo e ela começou cada vez mais confiar em mim. Quando cheguei ao manicômio e avisei-a que ela sairia de lá os olhos dela se encheram de lágrimas e da boca dela surgiu um sorriso agradecido. Mobiliamos um quarto só para ela e pedi que colocassem tudo exatamente igual ao quarto antigo de Sarah.

Ela saiu do manicômio segurando minha mão. Entramos no carro e nos direcionamos ao portão de entrada de minha casa. Sarah se encantou com o lugar. Ao subirmos as escadas ela tropeçou. Por sorte a segurei, e meus irmãos e minha mãe estavam em frente à porta de entrada, desejando boas vindas a ela. Eu sei que a realidade estava sendo um pouco injusta comigo, mas a importância que teve para mim a presença dela ao meu lado me confortava e me conformava pelo que estávamos passando. Parecia que agora estaríamos completos naquela casa. Claro que teríamos que nos adaptar com alguns hábitos de Sarah. Aquilo não era difícil para mim. Lembro que minha mãe dizia que eu nunca saberia entender o amor de mãe... Não sei exatamente como é ser mãe, mas conseguia comparar tudo aquilo que sentia por aquela garota com um amor de mãe. E falei isso para minha mãe quando ela me perguntou se eu ainda sentia a mesma coisa que sentia antes por Sarah. Eu a respondi que sim, que era como o amor que ela sentia por mim: um amor quase de mãe.

Quando chegou a hora de jantarmos sentamos todos ao redor da mesa. Sarah não lembrava como segurar o garfo, então sentei ao lado dela, segurei o prato e o garfo, depois pedi que ela tentasse fazer como eu estava fazendo. Demorou um pouco e ela derramou um pouco da comida fora do prato, mas conseguiu comer. Quando ela levantou o garfo e o colocou de volta ao prato, beijei a testa dela e disse que estava conseguindo, e que aos poucos tudo iria melhorar. Minha família ficava observando como eu a tratava. Aos poucos, eles também começaram a ajudar Sarah.

A primeira noite foi tranquila. Quando levei Sarah ao seu quarto, ela se identificou muito com a decoração. Eu tinha certeza que ela iria gostar. Arrumei a cama e pedi para que lá deitasse. Apontou para mim com os dedos, não entendi que ela queria tomar banho e então deixei-a sozinha no quarto. Quando desci as escadas minha mãe me perguntou como eu estava me sentindo no primeiro dia. Falei que estava contente e que já tinha certeza que estava fazendo o correto. Quando fui para o quarto o telefone tocou. Era uma de minhas amigas ligando para mim perguntando se eu gostaria de sair no dia seguinte. Minha mãe atendeu ao telefone e me passou o recado. Pedi para que avisasse que eu estava em um compromisso sério com minha namorada e que não queria sair com ela. Minha mãe, é claro, não falou isso para a garota, mas avisou que eu já tinha outros compromissos. Depois me deixou só para que eu pudesse descansar. Pedi para que uma de nossas empregadas me dissesse como Sarah estava, e depois fui discretamente abrindo a porta do quarto dela, acendi a luz e vi que ela estava dormindo. Saí e fui para meu quarto. Depois de muito tempo, também tinha conseguido dormir tranquilamente. Na manhã seguinte desci para tomar o café da manhã e Sarah estava ajudando a empregada a arrumar a mesa, avisei-a que não precisava fazer aquilo, que pagávamos para que a mulher ajeitasse nossa casa toda a manhã. Sarah não me deu ouvidos e continuou ajudando a moça que servia o café a preparar os pratos. Pedi para que ela parasse e parece que ela não queria. À tarde teríamos que levá-la ao médico para que ele nos desse os resultados de todos os exames que tinham sido feitos. Eu teria que levá-la à quimioterapia e no psiquiatra, e depois deveríamos passar novamente no hospital para que fizessem outros exames neurológicos. Almoçamos bem, passamos em uma loja, compramos algumas peças de roupas novas do gosto de Sarah e depois fomos aos lugares que precisávamos ir. Quando terminamos a consulta pedi para que o doutor me falasse por que Sarah não estava conseguindo falar ainda. Ele me explicou que ao longo do tempo, se o tratamento ocorresse bem, ela poderia ter uma vida normal e pronunciar algumas palavras, mas tudo dependia de como ela reagiria aos remédios e às seções de quimio.

- Doutor, você me falou que era só efeito dos remédios e que iria passar - falei.

- Eu sei, rapaz, mas nem sempre sabemos exatamente como o paciente reagirá.

- Você parecia confiante no que me falou - continuei.

- Por mais experiência que tenhamos, nunca sabemos ao certo o que poderá vir a acontecer. Eu estou lutando o máximo que posso para que ela se recupere bem, e Sarah é jovem ainda, isso aumenta as chances dela dar a volta por cima e se recuperar. Tudo depende do que ainda sente dentro dela.

- Ela não lembra de nada, pronuncia poucas palavras e não consegue mais fazer nada sozinha, e ainda você me diz que tudo depende do que ela sente? - perguntei, indignado.

Eu pedi para que ele me receitasse todos os remédios que fossem precisos e me dissesse o quanto seria necessário pagar para que o tratamento tivesse o melhor resultado possível. Ele me disse que já havíamos gastado uma fortuna, e que para melhores resultados só dependeria mesmo de Sarah. Eu fui obrigado a concordar com o que ele dizia. Apesar de tudo, era um dos melhores médicos da cidade. Ele devia saber o que estava dizendo. E mesmo que fosse difícil eu aceitar, em tudo que ele falou existia, sim, um pouco de verdade. Não compreendi aquilo que ele disse, que a melhoria de Sarah dependia do que ela ainda sentia dentro dela. Ela não lembrava de nada nem de quem fui na vida dela, teria ainda algum sentimento por alguma coisa? Como seria isso? Eu tentava achar alguma maneira de entender... Saímos da sala e agradeci ao doutor, depois fomos para casa, e enquanto Sarah descansava em sua cama eu ficava sentado no sofá, imaginando como seriam meus dias dali para a frente. Eu sempre fui um cara sem compromisso, despreocupado, que tinha medo de qualquer responsabilidade, e olha a situação em que me encontrava... Parecia que estava começando a crescer...

Meu pai chegou em casa e me perguntou como tinha passado o dia. Falei tudo o que tinha feito e ele me perguntou se eu ainda tinha a mesma opinião sobre o trabalho dele, eu neguei e depois disso fui para o quarto e dormi. No dia seguinte levantei cedo. Sarah tinha caído quando desceu da cama e fraturado o joelho. Chamamos um enfermeiro conhecido de minha mãe para dizer se era muito grave a fratura. Por sorte não tinha sido nada grave. Só descobrimos que ela havia caído porque nossa empregada estava passando pano no corredor e ouviu um barulho vindo do quarto de Sarah. Quando abriu viu Sarah subindo de volta à cama. Almoçamos e levei Sarah novamente à quimioterapia, psiquiatra e neurologista.

Tive que acompanhá-la por um bom tempo nesses lugares, depois paramos de ir ao psiquiatra e passamos a ir em um fonoaudiólogo. Foi uma realização e tanto para mim quando ouvi Sarah voltar a falar algumas frases e chamar o meu nome. A cada novo resultado de Sarah eu me alimentava mais de esperanças e adquiria mais forças para continuar acompanhando todos os dias com ela. Se aquilo no começo parecia responsabilidade demais, depois começou a ser motivação para mim. Quando comecei a reparar no esforço que Sarah fazia em todos os seus tratamentos eu me enchi de felicidade. A vida de idas e vindas do hospital se tornaram rotina e os dias pareciam cada vez mais longos, porém melhores.

Minha família toda torcia por mim e acima de tudo por Sarah. Ela estava sendo bem aceita em minha casa e todos nós tratávamos ela com toda a atenção e carinho, e cada dia mais nos adaptamos a tudo que precisávamos para ela se sentir confortável. A memória dela antes do acidente continuava apagada, literalmente. Tanto eu como ela estávamos recomeçado a vida. Mesmo que eu tivesse ainda todas as lembranças de todos os momentos que vivi com ela antes do acidente, não tinha tempo para lembrar deles depois do acidente. Os meus dias eram dedicados a Sarah, e quem dissesse que eu não era feliz estava enganado. Aquilo me fazia mais feliz que todas as outras coisas da vida. Estava cuidando de alguém que eu amava, não importava o que as outras pessoas achavam de mim, eu sabia que era o mínimo que precisava fazer e não estava só ajudando Sarah como ela também estava me ajudando. Todos já haviam visto como eu estava aprendendo mais do que antes com aquela situação que passava. Pouco tempo tinha se passado, mas parecia que eu tinha vivido mais de dez anos. Eu sempre esperei muito dos outros, mas pouco fazia por eles. Naqueles dias as coisas estavam sendo melhores não só com ela, mas com todos os que me acompanhavam. Pouco valorizava minha vida antes daquele acidente. Depois dele fui reparando o quanto cada momento é único e significante. Jamais teremos como recuperar um momento perdido ou uma palavra não dita. Cada dia acordava com mais esperança e certeza, e Sarah cada dia acordava mais feliz com seus resultados. Depois de passarmos vários dias indo e voltando de médicos fomos visitar a mãe de Sarah. Há muito a senhora Megan não estava tendo tempo para ver a filha, seu marido trabalhava na maior parte do dia e seus filhos ocupavam todo o tempo dela. Com o bebê ainda pequeno, conseguia fazer poucas coisas fora de casa. Quando chegamos ao portão da casa da senhora Megan, o irmão maiorzinho de Sarah veio correndo abraçar a irmã. Sarah não lembrava mais dele, então cochichei no ouvido dela que estávamos visitando seus irmãos e sua mãe. Ela me falou que de sua mãe ela lembrava. Me senti melhor com o que ela disse. Entramos e a senhora Megan foi me entrevistando, perguntando como estava indo minha vida e se estava tudo bem com o tratamento de Sarah. Falei de tudo e contei do que o doutor tinha me dito naquele primeiro dia. Depois disso, segurei um pouco meu afilhado no colo e disse que teríamos que ir porque não queria chegar em casa muito tarde. Megan pediu que ficássemos para o café, e é claro que não rejeitei. Ela sabia preparar os melhores cafés e doces que já tinha provado em minha vida. Ao término de nosso café, perguntei se a senhora Megan precisava de alguma coisa e ela disse que logo seu marido chegaria, então perguntei se ela deixava eu levar o menino dela para nossa casa por alguns dias para que ele pudesse passar mais tempo com a irmã. Senhora Megan disse que não sabia se era uma boa ideia, então falei que qualquer coisa eu telefonaria e que seria bom para ela passar alguns dias somente com seu filho mais novo. Depois das desavenças entre eu e senhora Megan nós estávamos mais companheiros. Isso pareceu bom porque ela passou a confiar mais em mim. Eu Segurei do lado esquerdo a mão de Sarah e do direito a de seu irmãozinho e fomos para casa. Quando cheguei em casa com a criança no colo, meus irmãos olharam para mim e disseram que eu estava ficando maluco. Disse que aquele menino era irmão de Sarah e minha mãe falou que eu tinha batido a cabeça. Acabei soltando uma piadinha dizendo que a única que tinha batido a cabeça lá era Sarah, e que eu estava muito lúcido. Estava um clima desagradável na sala, então perguntei se Sarah precisava de alguma coisa; ela sinalizou com a cabeça que não e então levei o menino ao meu antigo quarto, onde guardava meus brinquedos de infância. Passei horas brincando com o garotinho naquele quarto.

Eu nunca tinha conhecido uma criança tão esperta como ele. Quando íamos no parque, eu, Sarah e ele, nunca tinha reparado como o menino precisava de atenção. Eu comecei a me apegar ao garotinho, da mesma forma que me apeguei à Sarah. Não queria parecer tão acostumado ao menino. Então comecei a mudar a rotina: primeiro levar Sarah ao médico e levar o menino comigo. Depois passarmos em casa para levarmos ele ao parque e eu brincar um pouco com ele. Passaram os três dias e liguei para Megan perguntando se ela poderia deixar seu filho por mais alguns dias comigo. Ela não conseguiu recusar, minha mãe e meus irmãos quase enlouqueciam quando eu chegava em casa com Sarah de um lado e o menino de outro. Minha mãe nem falava mais nada. Por um lado ela até achava bom o que eu estava fazendo. Em uma noite o garotinho tinha passado mal e tive que levá-lo ao médico. Fiz isso sem que avisar Megan porque se ela soubesse nunca mais confiaria em deixar seu filho comigo.

Na hora de assinar como responsável pelo garoto, eu assinei. Minha mãe me acompanhava e só observava o meu comportamento. Ela sempre quis um filho um pouco mais ajeitado e que fosse um pouco parecido com meu pai. Por mais que muita coisa que eu fizesse ela não aceitasse, e optei por cuidar de Sarah em vez de ir para alguma faculdade ou continuar ajudando meu pai na empresa, ela parecia se orgulhar do que eu estava fazendo. Todas as noites que precisei socorrer Sarah e aquela noite em que o garotinho passou mal minha mãe não precisava ir junto, mas ela foi. Eu sabia que tinha herdado de alguém aquele coração sensível e preocupado, e não tinha dúvidas que era de minha mãe.

Quando fui devolver o irmãozinho de Sarah para Megan, ele não quis me soltar. Acho que ele sabia que também não queria devolvê-lo. Desta vez eu tinha que entender que não podia ficar com ele. O marido de Megan nunca foi muito presente na vida do menino, até por que ele não era filho dele, nunca deu muita importância ao garoto. Cheguei em casa com a ideia de adotar a criança. Falei isso para minha mãe e ela pediu para que me controlasse. Embora tivesse vontade de adotar o menino, eu tinha que dar atenção especial para Sarah e ter paciência. Eu sabia que tinha que cuidar da minha garota, mas, assim como podia cuidar dela, poderia muito bem cuidar de seu irmão. Minha mãe me explicou que eu não tinha que tentar acelerar as coisas e que apesar de termos ótimas condições meu pai e minha mãe não seriam eternos. Ela pediu que eu construísse minha vida primeiro e depois tentasse construir a das outras pessoas.

Na manhã seguinte, acordei com a notícia que Sarah teria que ser internada na emergência. Fiquei em pânico, mas me controlei. Tinha que passar confiança para ela, assim como ela passava para mim.

Ela passou dois dias internada e eu dois dias no hospital, com ela. Depois fiquei sabendo que o tumor estava se expandindo e que não havia mais o que ser feito. Apesar dos pesares, fiquei feliz por saber que ela voltaria para casa. Comecei a dar mais atenção ao que dava antes para ela. Para animar tanto a mim como a ela, resolvi convidar toda a minha família para um piquenique no parque. Meus irmãos nunca tinham participado de um piquenique, nem minha mãe. Meu pai foi o único que não conseguiu ir, e aproveitamos bastante a tarde, até começar a chover. Depois de irmos para casa, sentamos todos na sala e começamos a conversar. Isso de todos se reunirem na sala raramente acontecia. Coloquei Sarah em uma cadeira ao meu lado e passamos horas conversando. Depois disso jantamos e fomos descansar.

Antes de deitar fui para uma das janelas de meu quarto e chorei. Eu estava me segurando já fazia um bom tempo. Eu não queria que ninguém percebesse como eu me sentia. Não queria pensar em tudo que passava na minha cabeça, não queria me sentir derrotado, queria resolver e provar a todos do que eu era capaz. Boa parte de minha vida dependia de alguém para resolver tudo, eu não queria mais que fosse assim, eu chorava porque queria encontrar forças em mim mas não conseguia. Queria provar que podia resolver tudo sozinho, mas a carga que carregava parecia maior do que eu podia suportar. Não queria sofrer por perdê-la, e por isso fazia o que fazia por Sarah. Queria poder voltar no tempo, não deixado ela viajar... Queria ter mudado tudo naquele dia em que ela entrou no carro. Foi escolha dela embarcar e escolha minha deixá-la ir. Tudo podia ser diferente.

Engraçada mesmo essa vida... Nunca sabemos a hora em que as coisas irão mudar ou quando teremos que passar por momentos difíceis, e nem sabemos o quanto somos fortes até precisarmos ser. Sem muito o que fazer para mudar a situação, estava fazendo a coisa certa cuidando dela. Eu só chorava porque queria ser capaz de mudar o destino. Eu sei que meu pensamento era muito infantil, ainda mais que a queda tinha sido grande demais. Sarah tinha sido a melhor parte da minha vida, e agora a melhor parte da minha vida estava sendo cuidar dela. Vi Sarah me observando pela porta. Quando reparei que ela estava me observando, sequei meus olhos rapidamente e abri a porta. Ela não estava conseguindo dormir, então coloquei-a na cama, a cobri e cantei uma de minhas músicas favoritas para ela. Pouco tempo depois já estava dormindo. Então fui tomar um copo d'água e voltei para a janela. Quando deitei não tinha sono e passei a noite pensando em tudo o que estava acontecendo. Na manhã seguinte minha mãe me perguntou como tinha passado a noite, então falei que tinha sido boa. Tentei disfarçar, apesar de meus olhos estarem inchados e eu não conseguir parar de bocejar.

Sarah estava se arrumando e logo desceria para o café também. Aproveitei os minutos que tinha para terminar algumas de minhas músicas e ligar para meu pai. Ele tinha conversado comigo na noite anterior perguntando se eu não me interessava em passar só as manhãs na empresa com ele. Como a empresa trabalhava com distribuição de mercadorias, meu pai não dava conta de cuidar de todos os pedidos. Ele ligava para mim com frequência para ver se eu podia ajudá-lo. É claro que meu pai só cuidava dos funcionários, mas estavam completamente perdidos e o trabalho sobrava todo para ele. Já havia várias reclamações de atraso de entregas ou de mercadorias que nem tinham sido entregues. Eu pensei muito e achei mesmo que meu pai precisava um pouco de minha colaboração, então liguei para ele e avisei que começaria a ir pelas manhãs à empresa. Minha mãe perguntava para mim como daria conta daquilo tudo, e eu dizia que nem era tanta coisa e que podia muito bem tomar conta de Sarah e ajudar meu pai na empresa. Depois de desligar o telefone lembrei que tínhamos consulta no médico de Sarah na manhã seguinte, então pensei comigo: primeiro iria para a empresa e levaria Sarah comigo, depois passaríamos no doutor e faríamos tudo o que ele pedisse, depois levaria Sarah para casa e voltaria à empresa, e quando chegasse o meio-dia voltaria para casa e descansaria. Eu telefonei para o meu pai e expliquei para ele o que tinha planejado. Meu pai não concordou em levar Sarah para a empresa. Ele me disse que não conseguiria trabalhar direito se ela estivesse comigo.

- Filho, você não pode trazer Sarah aqui, é muita coisa que temos que fazer. Ela vai nos atrapalhar. Eu entendo que têm médico marcado com ela e que não pode faltar, mas não posso te deixar trazer uma garota com problemas na cabeça aqui para essa empresa. Você já pensou o que meus funcionários vão pensar a meu respeito? Me desculpe, filho, mas quero que venha sozinho - disse ele.

Eu não queria abandonar meu pai na hora em que ele mais precisava de mim. Sabia que ele estava tumultuado com os problemas na empresa, mas o que ele falou sobre Sarah me ofendeu muito e ela não iria de forma alguma atrapalhar-nos, eu tinha certeza disso. Aquelas palavras que ele me disse foram cruéis demais tanto para mim como para ela. Não queria decepcionar novamente meu pai, então concordei em ir sozinho.

- Está bem, irei sozinho amanhã... Ficarei até o horário que tenho livre e depois buscarei Sarah em casa e a levarei para o hospital. Bom trabalho! - falei.

Parecia que ninguém se preocupava em facilitar as coisas para mim. Eu sabia disso desde o início, que poucos realmente se importavam em me ajudar. Peguei minha mochila, coloquei meu moletom e levei Sarah para sua seção de quimioterapia. Depois passamos na farmácia para comprar mais alguns remédios e no fonoaudiólogo. Depois, passamos na casa da senhora Megan e, finalmente, chegamos em casa.

O dia tinha sido muito bom e Sarah já conseguia realizar muita coisa sozinha. Não precisou nem que segurasse sua mão para subir as escadarias da entrada de casa. Eu estava muito orgulhoso dela e parecia que ela iria conseguir se recuperar bem mais rápido do que eu esperava. Eu ficava eufórico demais quando via resultados em Sarah, me sentia um pai orgulhoso de seu filho quando ele começa a dar seus primeiros passos. Me sentia responsável por cada conquista dela, e apesar de tantas complicações, não estava prestes a desistir tão facilmente. Não desistiria jamais. Entramos em casa e fui logo falando para minha mãe que Sarah não precisava mais que eu segurasse em sua mão para subir a escada, ela disse a Sarah que estava muito feliz por ela.

Na manhã seguinte fui ajudar meu pai, como havia combinado. Me surpreendi quando cheguei lá e ele estava tomando cafezinho com a secretária. Ele tinha me dito que estava com muito trabalho, mas não foi o que me pareceu quando cheguei lá. Quando entrei no seu escritório ele colocou os óculos, começou a recolher alguns documentos de cima da sua mesa e me mandou cuidar das entregas. Pedi para que ele me instruísse sobre como tinha que anotar, ele falou que só precisava marcar no papel os caminhões que já tinham saído da garagem e os que ainda não tinham abastecido as carretas com mercadorias. Achei fácil demais, olhei para o relógio de meu pulso e já era hora de sair. Pedi licença para o meu pai e corri buscar Sarah em casa e levá-la ao médico.

Quando cheguei ao doutor ele me falou que tinham diagnosticado células malignas no cérebro de Sarah. Eu disse se isso podia causar alguma coisa mais grave, e foi então que ele me falou que tinha que ser bem sincero, chegando ao ponto de contar toda a verdade e que o caso de Sarah não teria cura, apenas tratamento. Não deixei que ela ouvisse tudo. Saímos e fomos almoçar em nossa lancheria preferida. Depois fui visitar Beto e Raul e tivemos uma ótima tarde ao lado deles. Antes de ir para casa pensei em passar e buscar o irmãozinho de Sarah, e foi o que fiz. Perguntei a Megan se ela deixava ele passar mais uns dias comigo e ela deixou, mas pediu que contasse sobre o que o médico falou quanto à recuperação de Sarah. Eu não quis contar tudo, só falei o necessário, para que ela, assim como eu, tivesse esperanças.

Chegamos em casa e levei o irmãozinho de Sarah para brincar lá fora, e quando minha mãe viu a bagunça que estávamos fazendo chamou minha atenção. Não liguei para o que ela estava falando. Eu queria resgatar no menino toda a alegria da infância. Não queria que aquela criança crescesse e se tornasse um cara como eu. Fazia muito tempo que não ia atrás de casa, e lembro que raramente minha mãe me deixava brincar lá. Quando começou a escurecer levei o menino para dentro e fomos até Sarah conversar um pouco com ela. Apesar das poucas frases que conseguia nos dizer, falei bastante com ela e até parece que ela gostou de nossa companhia para assistir televisão. Depois jogamos videogame com meu irmão mais novo e fomos jantar.

- Brian, você tem noção do que está fazendo? - perguntou minha mãe.

- Tenho sim, mãe, por que esta pergunta justamente agora?

- Por nada, meu filho.

Coloquei Sarah ao lado direito da mesa e o irmãozinho dela ao lado esquerdo. Meus irmãos ficaram me olhando enquanto servia Sarah e o irmão dela. Até meu irmão mais velho resolveu se pronunciar para perguntar o que eu estava fazendo. Quando terminamos a janta ele me perguntou se eu não estava fazendo muito por Sarah. Ignorei o comentário dele e fui me deitar. Nossa incansável rotina se repetia: ou meu pai me deixava levar Sarah e seu irmão para a empresa ou não iria mais trabalhar, apesar de saber que não era o certo e que ali não era lugar para uma criança. Não tínhamos muito o que fazer e reparei isso desde o primeiro dia que ele tinha pedido minha ajuda. Na sala do escritório só ficava eu, então comecei a levá-los para me acompanharem. Meu pai implicou muito comigo naqueles dias em que fiquei por lá. Passei as manhãs junto ao garotinho e Sarah no escritório, e então parei de levá-los. O menino passou mais uma semana em mina casa e depois tive que devolvê-lo. Eu falava tanto para minha mãe quanto para Sarah que eu queria adotar aquela criança.

Não sei se pensava longe ou alto demais, e tudo isso acontecia com apenas vinte um anos de idade. Eu perguntava por que aquilo tudo estava acontecendo comigo, pois eu era ainda muito novo. Algum motivo tinha, e por alguma razão tinha que acontecer justamente comigo. No começo parecia que não conseguiria dar a volta por cima daquela confusão toda que acontecia, mas depois foi ficando tudo tão óbvio que deixei de querer acelerar tudo ou reclamar do que acontecia. Uma vez que dedicamos tempo a quem amamos para sempre, guardamos as recordações ao lado desta pessoa. Somos frágeis demais até o momento em que precisamos lidar com nossa fragilidade para seguir a vida. Nunca sabemos o que a vida nos reserva, talvez precisemos de certas surpresas para crescermos como seres humanos, ou passar por certas surpresas para compreendermos o valor de cada momento e de cada pessoa.

No dia seguinte, Sarah passou mal e teve de ser levada com emergência ao hospital. Eu fui com ela e perguntei ao doutor o que tinha realmente acontecido com ela. Ele me explicou que ela teria que passar alguns dias no hospital, pois o tumor era maligno e se tratava de um câncer. Ela não estava conseguindo reagir devido aos efeitos colaterais de alguns remédios que tomava. O tumor se espalharia pelo corpo até fazer com que o coração dela parasse de bater. Ele me disse que ainda havia chances, mesmo que bem poucas, de ela viver por mais um tempo. Não acreditei. Ela estava se recuperando tão bem... Ele disse que normalmente era assim, que os portadores da doença no início não apresentam sintomas, até chegar ao ponto em que todas as células se espalham e a dor começa a ser insuportável. A vida dela poderia continuar seguindo normalmente, não fosse o impacto do acidente e todas as sequelas que ele causou. Quando ouvi ele falar isso, saí da sala e fui para minha casa, me tranquei no quarto, peguei meu violão e fiz uma música, para o caso de acontecer alguma coisa com ela. Cantaria para que ela nunca esquecesse de mim.

Voltei para aquela sala de hospital com cheiro horrível. Olhei nos olhos da senhora Megan, e assim como eu, ela queria que aquilo tudo fosse mudado. Eu sabia que não podia fazer mais nada, e então abracei-a e pedi desculpas por todas as vezes em que tentei ser alguém que na realidade não era; eu pedi que ela tentasse, por menor que fossem as chances, acreditar na recuperação de Sarah e continuar sendo minha sogra. Ela não conseguiu falar mais nada, me abraçou e começou a chorar. Eu disse que não era o fim e que Sarah estava ali, e que por mais difícil que fosse a situação, precisávamos lembrar de tudo que ela nos ensinou e tudo que ela fez por nós. Falei que ainda haviam chances e que seria loucura nós sofrermos daquele jeito com ela por perto. Olhei para Sarah e ela estava dormindo. Reparei em seu rosto. Estava bastante pálido, porém continuava lindo, como no primeiro dia em que a vi.

- Como pode, senhora Megan? Como pode tudo mudar tão rápido? - perguntei.

Enquanto Megan passava a tarde no hospital com Sarah eu fiquei cuidando dos filhos dela. Levei-os para minha casa e a noite passei no hospital, cuidando de Sarah. Megan foi para casa cuidar de seus filhos. Como da outra vez em que fiquei cuidando dela à noite, levei meu violão.

As enfermeiras aceitaram que eu o levasse, desde que não fizesse muito barulho, e como só estávamos Sarah e eu no quarto, me autorizaram. Quando ela acordou vi que tinha alguns tubos em seu nariz. Mesmo assim ela sorriu, perguntei se estava tudo bem com ela, e com a cabeça a menina sinalizou que sim. Falei que tinha feito uma música para que ela ouvisse, se não fosse muito incômodo. Queria cantar ali, no hospital mesmo. Ela sinalizou para que eu cantasse, então me preparei bem, aproximei a poltrona da maca e cantei:

Seus olhos não se afastarão dos meus, prometo que não
De todas as rosas, principalmente as vermelhas, não me
esquecerei
Não quero demorar demais para contar os minutos
restantes ao teu lado
Ainda que ninguém enxergue, uma parte de mim per-
tence a você
Minha alma te aguarda, e todos os dias e noites se
reconstrói
Ponte indestrutível a nossa
Cada momento fortalecendo mais a teoria do amor
Existe sim, existe sim...
Toda dor passou, ele curou
Não esqueça, jamais esqueça: ele existe sim.

Ela parecia estar gostando de me ouvir. Quando terminei, ela conseguiu pronunciar que me amava e falei a ela que também a amava. Depois disso ela fechou os olhos e dormiu. Larguei meu violão, me ajeitei melhor na poltrona e dormi também. As enfermeiras passavam de hora em hora no quarto e eu não entendia por que tanta agitação se Sarah parecia estar calma... Quando acordei na manhã seguinte, senhora Megan estava lá. Perguntei sobre as crianças e ela disse que seu marido tinha faltado ao trabalho para cuidar dos meninos. Não aceitei. Eu tinha minha tarde livre e podia muito bem cuidar das crianças. Quando me preparava para sair do quarto resolvi voltar, e perguntei se a senhora Megan não gostaria de deixar seus meninos na minha casa. Ela disse que não precisava. Eu sinceramente não entendia: seu marido estava perdendo horário de trabalho para cuidar das crianças, enquanto eu não tinha nada para fazer e podia ficar com eles.

- Senhora Megan, você gostaria de deixar seus filhos alguns dias em minha casa? Estou livre às tardes; posso cuidar deles. Além disso, uma de minhas empregadas é mãe, ela pode me ajudar com eles - falei.

- Não, querido, muito obrigada... Meu marido precisa passar mais tempo com eles.

Então concordei e saí. Quando fiquei na sala de espera pensei muito na possibilidade de adotar o irmão mais velho de Sarah, mas lembrei do que minha mãe havia me dito: cada coisa em seu tempo. Então fui falar com o doutor.

- Doutor, como esta a Sarah? - perguntei.

- Ela está bem, mas não poderá sair daqui tão cedo - respondeu ele.

Eu já estava entendo melhor do que nunca a situação. Fui até a lancheria e depois visitei meu pai na empresa. Perguntei se ele precisava de algum auxílio, e ele me falou que não e perguntou como estava Sarah. Expliquei tudo para ele e depois passei na casa da senhora Megan para ver como estavam as crianças. Perguntei se o marido de Megan se importava de eu levar os seus filhos para a minha casa, então ele me falou que não. Então agradeci pela atenção dele. Passei na casa de Beto e Raul e fomos nós três para o hospital.

Entramos no quarto e passamos o resto da tarde lá. Mais algumas semanas no hospital e ela poderia, talvez, sair de lá. Quando isso aconteceu, reparei que ela voltou para casa mais fraca, pouco animada, às vezes sentia dores, mas nada que o médico já não houvesse me avisado. Então comecei a dedicar tempo só para ela. Eu reparava que ela não estava mais esperançosa, como antes, e que ainda assim tentava fazer tudo sem depender de mim. Naqueles dias eu aproveitei para levá-la em todos os lugares que gostávamos de visitar. De manhã comparecia na empresa e todas as tardes cuidava dela. Cada dia mais íamos nos apegando, e eu me acostumando com a nova Sarah. Quem imaginaria que uma garota completamente individualista e dependente iria ter de ser cuidada ainda mais por mim?

Como eu ia dizendo, passei a ser mais que um amigo para ela, era também um pai, como o era para os irmãos dela também. Naqueles dias a situação dela piorou e a minha também. Eu trazia os irmãos dela para passar as semanas junto à minha família. Minha mãe, percebendo o que estava acontecendo, começou a fazer mais pelas crianças e por Sarah. Apesar de tudo parecer o contrário do que sempre sonhei, para mim não havia nada de que pudesse reclamar e não tinha por que reclamar. A situação dela era terminal mesmo, então a presença dela era indispensável lá em casa.

Uma garota como ela eu jamais havia visto. Palavras já não se ouviam de sua boca, suas pernas e seus braços pareciam estar fracos, os olhos cansados, somente quem algum dia passou ao lado dela saberia descrevê-la, a impressionante garota que era. Por mais que não pudesse mais ser nada como antes, mesmo que nenhuma lágrima fizesse mais sentido naquela situação, me mantive feliz por passar os últimos dias de sua vida ao lado dela.

Foi em um dia bonito, com uma manhã de verão, que entreguei a última rosa a ela, antes que fosse encaminhada à UTI. A última vez que a vi acordada pedi para que todos me deixassem segurá-la. Queria por um instante, talvez o último instante, tê-la para mim. Todos choravam ao meu redor, um único pedido saiu de sua boca: que eu não desistisse de meus sonhos. Meu irmão me abraçou dizendo que minha parte eu tinha feito; eu de jeito algum acreditava que, depois de tanto tempo, aquilo poderia acontecer. Naquele dia meu pai foi até mim e também me agradeceu. Falou que eu era mais do que um riquinho metido, eu era um homem de verdade.

Do outro lado, minha mãe me consolando falando que de tudo que eu tinha feito ela se orgulhava. Falou que fiz muito bem e o certo é que eu tinha agora que seguir a vida e virar a página daquele livro. Megan e seu marido me agradeceram por tudo, o irmãozinho maior de Sarah me abraçou e pediu para que eu cuidasse dele. Beto e Raul estavam com dois buquês nas mãos, um escorado no outro. Choravam perto de mim.

Ela sempre disse para mim que as pessoas não gostavam dela e que não tinha família nem amigos de verdade, mas ali, na minha frente, vi as pessoas que a amavam implorando para que ela acordasse. De fato isso não estava sendo fácil para mim, mas mesmo assim consegui engolir o choro e fazer com que os outros também engolissem. Dali para a frente, cada um daqueles que estavam reunidos na sala teriam aprendido alguma lição. Foi disso que me recordei desde o início, quando a encontrei pela primeira vez no corredor da escola. Eu, um cara completamente apaixonado, e não negarei de forma alguma isso, mas havia muitas formas de viver, ainda. As lembranças nunca foram embora, os momentos inesquecíveis, cada pessoa reunida, cada palavra dita e sua imagem ficarão sempre guardadas comigo.

"Não desista de teus sonhos". Essa frase tão bonita vinda da boca da pessoa que tanto amei fez com que eu continuasse a vida e acreditasse em mim. Consegui viver muito bem com a minha carreira de músico, é claro que não ganhava fortunas, mas o suficiente para viver bem. Saí de casa com 25 anos e tive dois filhos adotivos, um casal. Abri uma escola de música na cidade e comecei a fazer trabalhos beneficentes em hospitais e instituições. Estava sentado com meus dois filhos e comecei a contar uma história para que eles dormissem bem.

- Papai você já se apaixonou alguma vez? - perguntou o menino.

- Já, meu filho, mas uma hora o pai explica para vocês - falei.

- Você pode contar uma história para nós dormirmos? - pediu Alícia, a menina.

- Vocês sabem que não sou muito bom em histórias, mas conto, sim.

Antes que pudesse começar a contar, minha filha começou a me entrevistar, e em uma de suas perguntas perguntou por que não íamos mais vezes à casa de meus pais. Tentei explicar a eles que não ia porque a vida nem sempre era um sonho. Só que eram crianças e não seria nem um pouco agradável fazer com que eles entendessem como era crescer. Pedi que ela ficasse em silêncio para que eu pudesse contar a história, mas desta vez meu filho interferiu:

- Papai, é verdade que cada estrela uma vez já foi uma pessoa?

- Por quê esta pergunta, meu filho?

-Eu só gostaria que você me explicasse. Ouvi Alícia comentar lá na escola com as amigas dela. Eu tentei dizer para ela que aquilo era tudo invenção, mas não adiantou. Ela é muito teimosa!

- Alicia, você me lembra Sarah - falei.

- Quem, papai? - perguntou ela, curiosa.

- Uma boa parte da vida do papai - respondi.

- Que legal, papai, por que você não nos conta sobre ela?

- Não acho uma boa ideia, sou costumado a contar histórias com finais felizes para vocês...

- Papai, não sei quem foi Sarah, mas se for uma garota por quem você se apaixonou, existe sim final feliz.

Eu não entendo muito sobre essas coisas ainda, mas minha professora me disse que o amor faz coisas incríveis - disse a minha menina.

- Faz mesmo, querida. Vocês querem ouvir a história? - perguntei.

- Queremos sim, papai! - responderam juntos.

Era uma vez um jovem bem ajeitado, filho de pais ricos, tinha tudo que sempre quis. Ele era despreocupado com tudo: com a escola, com os amigos e até com ele mesmo. Tinha muita vontade de viver, mas era irresponsável demais. Ele estudava em uma das melhores escolas de onde morava, mas fazia muita bagunça e pouco se importava com as coisas erradas que fazia. Ele tinha muito medo de compromissos e responsabilidades e dependia da opinião dos outros para tudo.

- Nossa, papai, esse garoto precisava mesmo de uma lição e das grandes - disse Alícia.

Ele não tinha nada com o que se preocupar, a não ser com ele mesmo. Seus pais cobravam dele regras e o aconselhavam, mas apenas pensavam que ele ouvia o que falavam para ele. O cara não se importava com nada. Ele não sabia nem mesmo o que o fazia feliz realmente.

- Continua, papai - interveio o garoto, empolgado.

Os dias deles estavam muito bagunçados e ele era muito confuso. Quando não estava aprontando fora da sala de aula estava aprontado dentro dela. Esse cara enlouquecia qualquer professora, e só não suspendiam ele da escola porque seus pais pagavam muito bem para ele ficar lá.

- Se eu fosse o pai desse menino eu não teria deixado ele ser assim - falou Alícia.

- Eu também não, minha filha - respondi.

Um dia esse cara conheceu uma garota completamente diferente de todas as outras garotas da escola. Ela usava maquiagens fortes, prendia seu cabelo para o lado ou fazia um coque, e pouco se socializava com os demais da escola.

- Essa garota devia ser muito esquisita mesmo - disse a menina, imaginando a personagem.

Mas a menina não queria nada com ele. Ela era muito rebelde, pouco parecia gostar de lá. Ela dizia ter medo das pessoas e achar todos ridículos. Esse cara se encorajou e foi falar com ela, e o pior é que se apaixonou pela menina.

- Que bonito papai - falou Alícia, já com os olhos brilhando.

Ela era linda, não fazia nada para agradar ninguém, mas o jeito esquisito dela era só um dos disfarces que usava para esconder o quanto ela era carinhosa e meiga. De tanto insistir, ela também acabou se apaixonando por ele, e depois de algum tempo começaram a namorar.

- Pronto, filhos, agora já podem dormir - sugeri.

- Não estamos com sono, ainda... Continua a história - disse a minha garota.

- A história já acabou, Alícia - tentei despistá-la.

- Eu sei que não, papai... Nenhuma história termina assim.

- A minha terminou, e não discuta comigo!

- Não, irei dormir enquanto você não continuar a história - disse ela, ainda tentando me persuadir.

- Então passará a noite acordada - falei, sem me dar por vencido.

- Fica quieta, Alícia, não está vendo que o papai está cansado? - disse o meu menino.

- Ele não está cansado, eu conheço muito bem essa cara de disfarçado dele... - disse Alícia.

- Filha, não é importante a outra parte da história, eu já disse...

- Não importa, eu quero que você conte toda ela. Se fosse para contar até a metade, então não precisava nem começar - disse minha filha, chateada.

- Eu sei, mas não gosto da outra parte da história.

- Nem tudo na vida nós somos obrigado a gostar papai. Agora conta por favor - insistiu ela.

- Está bem, papai, eu e Alícia vamos dormir - disse o garoto.

- Você vai, eu não. Eu ficarei com os meus dois olhos abertos até ele resolver contar - falou Alícia.

- Boa noite, filhos - tentei me despedir.

- Depois não vem reclamar que sua filha anda muito mal-educada contigo - insistiu minha menina, me vencendo pelo cansaço.

- Ok, contarei o resto da história, então - falei.

Eles discutiam bastante, mas também se amavam. Ela era completamente teimosa e ele ciumento, os dois se entendiam pouco depois das discussões que tinham. Ela aos poucos foi aprendendo também a ser mais boazinha com ele e um começou a aceitar as imperfeições do outro. Até que um dia ela viajou e ele ficou sozinho. Acabou.

- Pode continuar. Eu pedi para que você contasse até o fim - disse a esperta Alícia.

- Filha, pare... - pedi.

- Não, só quando você contar de verdade a história...

- A garota se acidentou, teve lesões no cérebro e ele quis cuidar dela - prossegui.

- Que romântico! Ela melhorou?

- Não, filha ela ocupou lugar ao lado de uma dessas estrelas do céu - respondi.

Meus filhos cresceram, e assim como eu trilharam cada um caminhos diferentes. Alícia cada vez mais parecida com Sarah e meu filho cada vez mais parecido comigo. Depois de estabilizarem-se as coisas na cidade onde morávamos, comprei um apartamento perto da casa de meus pais. Eles já estavam bem velhinhos. Minha mãe me abraçou com saudades e meu pai abraçou meu filhos. Meus irmãos também tinham mudado bastante e eu já tinha três sobrinhos. Olhei cada cômodo da casa até chegar ao quarto onde Sarah tinha passado seus últimos dias. Alícia, que havia me seguido, olhou para mim e se escorou em meu ombro.

- Papai, esse quarto é lindo! - disse ela, encantada.

- Ela tinha bom gosto, minha filha...

Depois fui visitar a senhora Megan. Meu afilhado já estava crescido e o irmãozinho mais velho de Sarah estava lá fora, escorado no muro, conversando com alguns amigos. Cumprimentei-lhes e passei para ver se Beto e Raul continuavam morando ali. Os irmãos estavam lá, cada um com sua família. Raul estava com dois filhos e sua esposa. Me convidaram para jantar com eles. Beto estava solteiro, porém com trigêmeos ao lado. Voltei para minha casa, coloquei meu casaco no sofá, subi até meu antigo quarto e voltei às velhas recordações. Olhei para o canto do meu antigo guarda-roupas e lá no canto estava meu violão aposentado. Já fazia anos que estava naquele canto.

- Pai você está bem? - perguntou meu garoto.

- Estou sim, filho...

- Que bonito esse violão! Ele é seu?

- É sim... Quando me mudei preferi deixá-lo aqui.

- Posso levá-lo comigo?

- Você tem certeza? Ele está velho demais...

- Tenho sim. Ele parece ter bastante importância em tua vida, não é mesmo?

- Ele teve sim, filho, muito valor para mim há anos atrás...

- Você se importa se eu levá-lo

- É claro que não, meu filho...

Sentei com meu filho na sacada de meu quarto e ele começou a tocar aquele violão, cujo som eu já não escutava havia anos, e parecia que a cada acorde tocado mais lembranças voltavam. Meu filho aprendeu comigo desde pequeno a tocar violão e a cantar. Eu fazia músicas para ele se apresentar e depois ele começou a fazer as próprias letras. Enquanto ele cantava, algumas gotas de lágrimas caíam de meus olhos. Alguns podiam dizer que o tempo era inimigo, mas para mim tudo aquilo era um sonho. Um sonho não escrito por mim, mas realizado por mim. Não era aquilo que eu imaginava que seria, mas foi a vida que precisava para crescer. Quando meu filho parou de tocar pedi que ele continuasse, pois eu estava gostando. Ele reparou que eu parecia estar chorando, então falei que só estava lembrando, e que queria que ele continuasse a tocar.

- Pai, por que você não pega seu violão e toca para eu te escutar? Você deve estar com saudade dele, assim como ele deve estar com saudade de ti.

- Não acho uma boa ideia, meu filho. Nem lembro mais como segurá-lo.

- Deixa de ser bobo, foi você que me ensinou...

- Está bem.

Quando segurei meu violão lembrei do último dia em que toquei nele, e por alguns minutos meu coração acelerou.

- Pai, vai... Comece a música! - disse o menino.

Eu não tinha coragem. Todas as músicas de que me recordava me faziam lembrar dela.

- Eu sei que você sabe - seguiu insistindo o meu filho.

- Também sei, filho, mas é melhor eu não tocar.

Alícia chegou ao quarto e observou que eu estava com o violão na mão.

- Pai, você está aí! Eu estava procurando vocês por todas as partes da casa.

Comecei a tocar, fechei meus olhos e lembrei exatamente de tudo, do começo ao fim.

- Que linda essa música! - disse Alícia.

- Obrigado, filha - respondi, emocionado com o momento.

- Vamos, papai, estão todos te esperando para a janta - ela disse.

Depois de tanto tempo, estávamos reunidos em família novamente. Desci as escadas e fiquei observando o rosto de cada um. Eu tinha certeza que estava vivendo um sonho e que Sarah era a responsável por tudo que vivi, não importa onde ela estivesse agora. Ela não tinha morrido. Ao menos, não em mim.

www.ingramcontent.com/pod-product-compliance
Lightning Source LLC
LaVergne TN
LVHW020335200726
843507LV00012B/2370